心の内側と向き合う

開運へと導く魅惑のタロットカード

監修／鏡 リュウジ　イラスト／森 千章

引いたカードからの答えが今のあなたへのメッセージです。
タロットカード占いを楽しみながら、自分自身を見つめましょう。

※ミシン目で切り外し、キリトリ線に沿って、ハサミやカッターで丁寧に切り取ってください

キリトリ線

キリトリ線

キリトリ線
キリトリ線

THE HERMIT
隠者

JUSTICE
正義

THE CHARIOT
戦車

キリトリ線

THE HANGED MAN
吊られた男

STRENGTH
力

WHEEL OF FORTUNE
運命の輪

キリトリ線

THE DEVIL
悪魔

TEMPERANCE
節制

DEATH
死神

キリトリ線

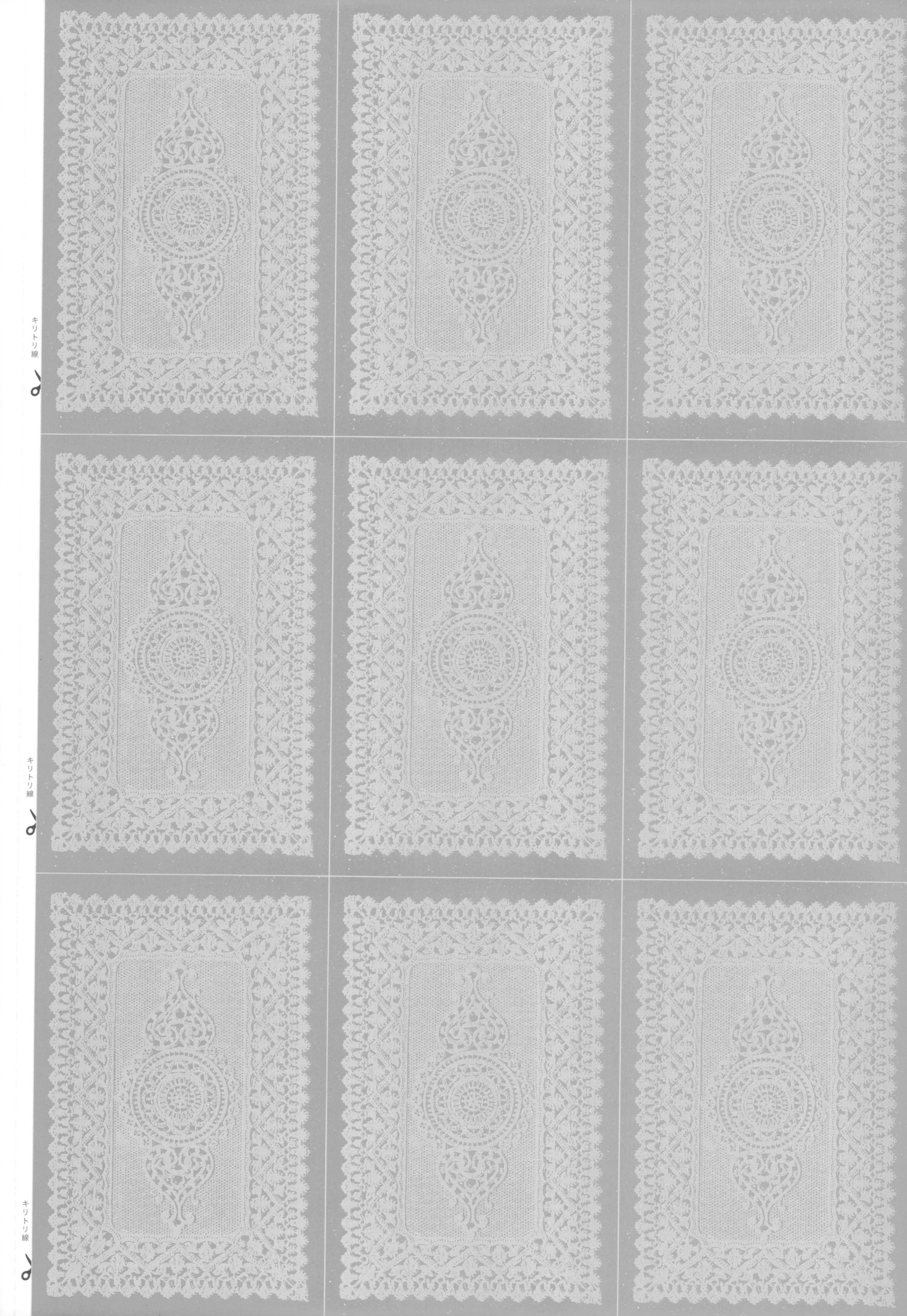
キリトリ線
キリトリ線
キリトリ線

カードがよごれたり、
破損してしまった場合、
このカードを代わりに
使ってください。

キリトリ線
キリトリ線
キリトリ線

すべて思い通りの運命になる！

無敵の開運術

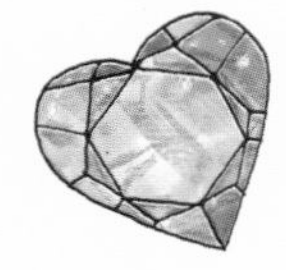

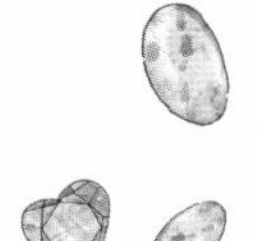

「お金がたくさん欲しい……」「家族や友人との人間関係をよくしたい……」
「仕事で昇進したい……」など、人間には欲望や願望がつきません。
一度きりの人生で自分の思い通りに事が進んだら、どんなに簡単でしょう。

でも現実世界はそんなに甘くはありません。
楽しいこと、嬉しいことはもちろんありますが、
失敗や困難、苦労に直面することもあります。
そのような難しい状況になったときに、人間力が試されるのです。
今幸せそうに見える人や世間的に成功していると思われている人たちにも
難しい時期があったかもしれません。誰もが茨の道を通ってきているのです。

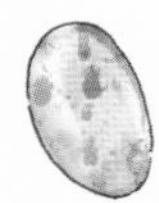

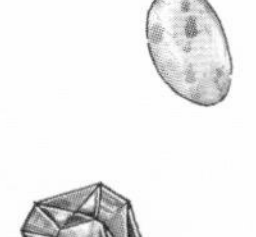

では、そのような人たちはどのように乗り越えたのでしょう？
それは、潜在意識の中で「幸せになる！」と自分自身で強く、
全身の隅々に行き渡るように身体で宣言したのでしょう。
100メートルのかけっこのように、ゴールがあるとみんなそこへ走り出します。
なぜ走るのでしょうか？ 答えは簡単です、ゴールが見えるからです。
人生もかけっこと同じように、ゴール（目標や叶えたいこと）を明確にすると、
そこへ辿り着くまでに何をしたらいいか？ どのようなプロセスを歩めばいいか？ と、
試行錯誤しながらもゴール（目標や叶えたいこと）に近づきやすくなります。

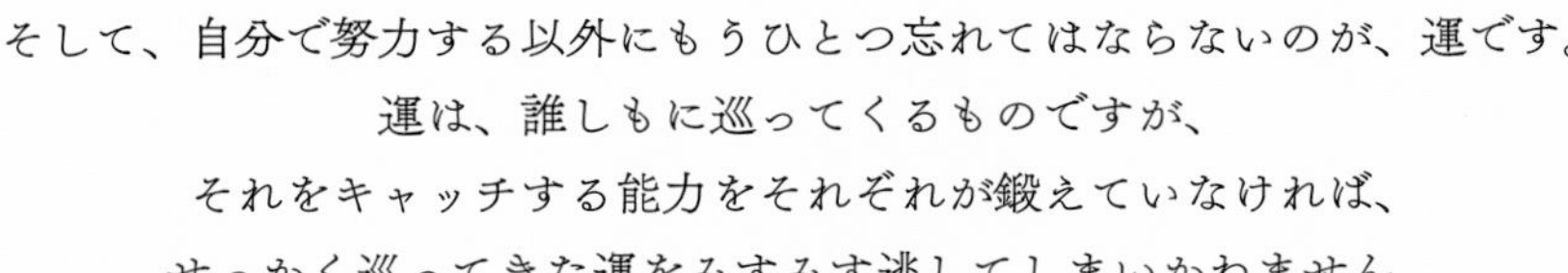

そして、自分で努力する以外にもうひとつ忘れてはならないのが、運です。
運は、誰しもに巡ってくるものですが、
それをキャッチする能力をそれぞれが鍛えていなければ、
せっかく巡ってきた運をみすみす逃してしまいかねません。

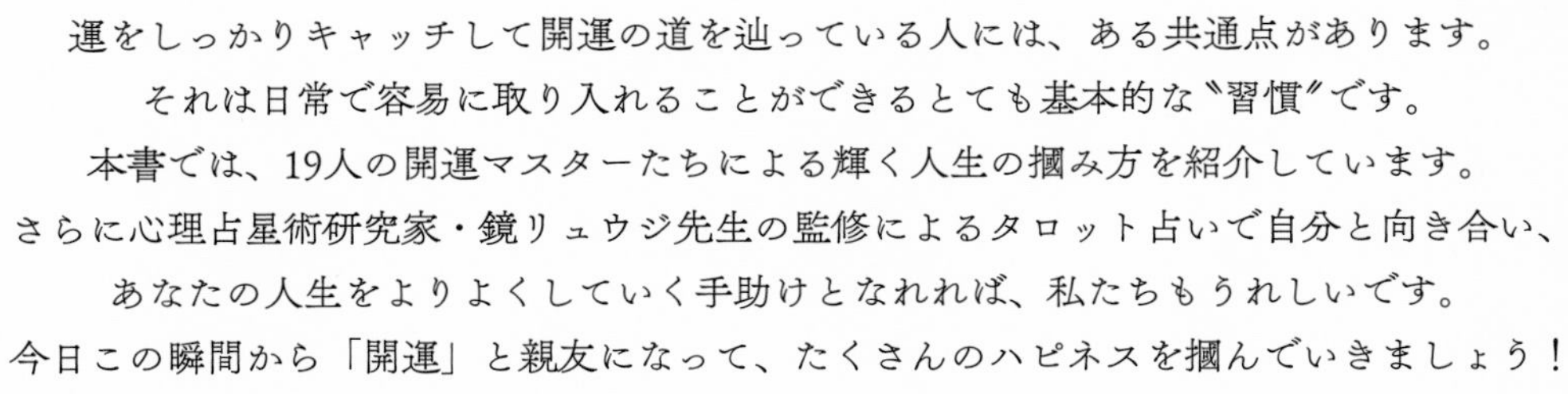

運をしっかりキャッチして開運の道を辿っている人には、ある共通点があります。

それは日常で容易に取り入れることができるとても基本的な〝習慣〟です。

本書では、19人の開運マスターたちによる輝く人生の摑み方を紹介しています。

さらに心理占星術研究家・鏡リュウジ先生の監修によるタロット占いで自分と向き合い、
あなたの人生をよりよくしていく手助けとなれれば、私たちもうれしいです。

今日この瞬間から「開運」と親友になって、たくさんのハピネスを摑んでいきましょう！

2021年８月　スピリチュアル研究会

宝島社

すべて思い通りの運命になる！ 無敵の開運術 もくじ

すべて思い通りの運命になる！

無敵の開運術 STEP2

自分と向き合うほど、開運へと導く魅惑のタロットカード占い

カードからのメッセージをキャッチして、心の内側をしっかり見つめることが開運に！

今、タロットの人気が再び盛り上がっているそうです。ここ数年、タロットの売上が倍増しているという報告も。コロナ禍の巣ごもり需要、あるいは不安のためにタロットの力に目を向ける人が増えているのかもしれません。

タロットといえば、「占い」「神秘」というイメージが強いですが、「タロット占い」の歴史は案外新しく、18世紀末以降のこと。さらにいえば、今のようなかたちでタロット占いが広く普及するのは20世紀半ばになってから。メジャーな占いの中では「最も新しい」部類に入ります。それでもなお、妖しく輝く月、愛を語る恋人などタロットのイメージには人の心に深く迫る魅力があるのは確か。現在ではタロットは単なる予言ではなく心を見つめ寄り添うツールと考えられています。今の自分自身の立ち位置や心を振り返る鏡としてカードを使う。そんな使い方が本当の意味での開運に繋がることでしょう。

14世紀	イスラム世界から西ヨーロッパに渡ってきたゲーム用のカード、貴族が大アルカナと呼ばれる切り札を加えて遊戯を複雑化。
15世紀	北イタリアのルネサンス都市でタロットが誕生。最初は手書きの豪華な品だったが、その後すぐ版画で安価に生産され、富裕層以外にも広がっていく。
18世紀	1781年にはフランスのクール・ド・ジェブランという歴史・言語学者による百科事典『原初世界』の第8巻に、タロットに関する初のエッセイが掲載され、タロットは古代エジプトの英知を寓意のかたちで残したものだという説が登場。これをきっかけに占いの道具として利用されるようになる。また「マルセイユ版」と総称されるタロットが流通し始め、現在広く流通するタロットの原型となる。
19世紀	オカルト学者エリファス・レヴィがタロットとユダヤ秘教のカバラを関連づけ、英国の「黄金の夜明け団」、フランスの「薔薇十字団」がタロットの教義の原型を作っていく。
20世紀	タロットがさらに広まり、1960年代にはわかりやすい入門書が登場して一気に大衆化。ポップカルチャーにも強い影響を及ぼし現在に至る。

監修　鏡リュウジ
Ryuji Kagami

心理占星術研究家、翻訳家。占星術に心理学的アプローチを交えた「心理占星術」を日本に紹介し、従来の「占い」のイメージを一新する。若者を中心に幅広い人気を得ている。著書に『占いはなぜ当たるのですか』（説話社）など。
https://ryuji.tv

What is the Tarot?

知れば知るほど楽しくなる！ タロットカードの秘密

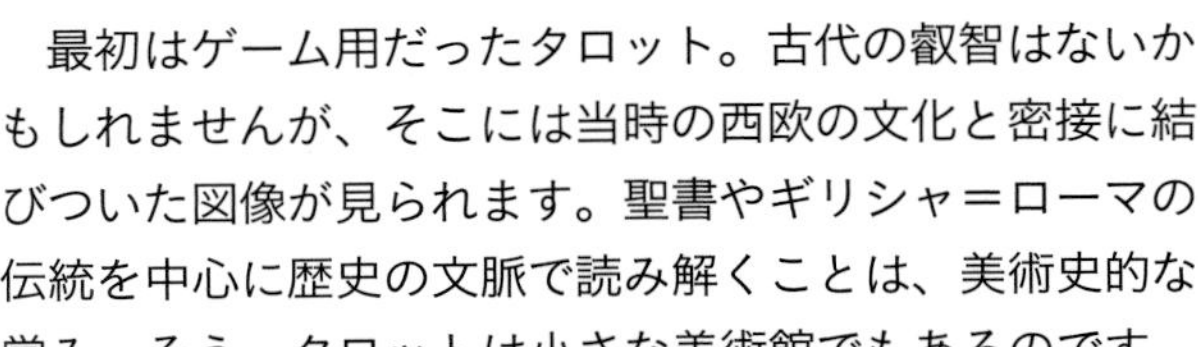

カードの絵が導く 聖なるメッセージ

最初はゲーム用だったタロット。古代の叡智はないかもしれませんが、そこには当時の西欧の文化と密接に結びついた図像が見られます。聖書やギリシャ＝ローマの伝統を中心に歴史の文脈で読み解くことは、美術史的な営み。そう、タロットは小さな美術館でもあるのです。

そしてもうひとつ、タロットを味わい、用いるスタンスがあります。心理学者ユングはタロットの絵柄は深い無意識の層を表現していると考えました。愛、運命や死、悪魔や太陽など普遍的なイメージの集積であるタロットは、時代や地域を超えて人々の心と響き合うのです。タロットの図像を見つめ、そこからの連想を追いかけていくことでもうひとつの視点から自分自身を発見することに繋がるのではないでしょうか。

大アルカナと 小アルカナカード

タロットは22枚の大アルカナと56枚の小アルカナの計78枚からなります。「アルカナ」とは、「秘儀」「神秘」を意味する歴史ある言葉ですが、19世紀以降にタロット用語として使われるようになりました。小アルカナはトランプと似た構成を持ち、「棒」「杯」「剣」「金貨」 の４つのスート(組)からなります。太陽や死神などいかにも「タロットらしい」切り札は大アルカナのほう。

慣れてくれば大小アルカナを合わせて用いることができますが、初心者なら大アルカナだけを使って占っても十分。この特集でも大アルカナカードを使った占いを紹介していきます。

タロットカードの 秘密を探ろう

タロットはその謎めいた絵柄から、遙か古代に作られたという説がまことしやかに語られています。しかし、20世紀後半から実証的な研究が進み、タロットは15世紀半ば、北イタリアのルネサンス時代の貴族たちのゲームとして誕生したことがはっきりしています。当初はそこには神秘的な要素はありませんでした。

タロットが神秘化され、占いに用いられるようになるのは18世紀後半になってから。古代エジプトの英知を隠した寓意だという説が登場したことがきっかけで、タロットがマジカルなものだとイメージされるようになってしまったのです。端的にいえばこれは誤り。しかし、その「誤解」からその後、タロットに豊かな意味が何重にも付与され、結果として人々の心を受け止める器として成長していくことになりました。

内なるパワーを引き出す タロットカードの魅力

繰り返しになりますが、タロット自体には未来を予知したり、運を開くようなマジカルな力はありません。何といってももともとは世俗的なゲーム用のカードだったのですから。しかし、その絵柄には不思議に人の心に訴えかけるものがあります。タロットの図像には自分の無意識と対話するツールとして使える性質があるのです。

単にラッキー、アンラッキーと一喜一憂するのも楽しいのですが、それだけではもったいない。出たカードの絵やイメージからあなた自身が感じ取るものを大切にしましょう。それは今まで意識していなかったあなたの深い部分での「本音」かもしれません。心理学者ユングは、無視され抑圧された無意識の力はしばしば「運命」として感じられるようなかたちで人生を突き動かすといいます。自分と自分の周囲で起こっていることに新しいかたちで光を当てていくこと。それによって自分を変えていくこと。タロットに「開運」の力があるとしたら、タロットのこの性質のためでしょう。

開運の手助けをしてくれるタロットカードのすごい力(パワー)

自分の考えや思考が整理整頓される

タロットの結果は第三者からの視点ともいえて、抱えている悩みやその根本にある問題を整理できます。また出た結果が、解決策や今後の行動を考えるきっかけにも。冷静に思考し行動していくための、セルフカウンセリングともいえるでしょう。

自己分析ができて、自分の願望がわかる

占いの始めに、自分はどうなりたいのか、何を手に入れたいのかなどを見つめるため、自分の願望が浮き彫りに。占いを進めるうちに、さらに深層心理に入り込むことで、気づかなかった問題に行き当たり、根本的に解決していくことも可能です。

カードと向き合ってリラックスできる

日常的な喧騒から離れ、数百年続くカードの絵柄を眺めることで、マインドフルネスな瞑想に。日頃のストレスから開放されるでしょう。友達と一緒にカードを引きながら悩みや未来について語り合う、コミュニケーションツールとしても使えます。

集中力がついて、物事を円滑に進められる

カードのメッセージを読み取り、確かな答えを導き出そうとすることで、集中力がつきます。タロットで身についた集中力をはじめ、思考を整理したりリラックスしたりする習慣は、仕事や活動を進めるうえでも大いに役に立つでしょう。

未来を考えることができて、ポジティブになれる

望んだ通りの結果が出たら前向きになれ、そうでない結果が出ても、今後の注意点や改善点を見出すことができるので、未来に向けて前向きに生きるきっかけになるでしょう。悩んでいるときは思考停止になりがちですが、解決に向けた第一歩に！

確かな答えを導くための方法

静かで誰にも邪魔されない場所を選ぶ

タロット占いは、家族などが入ってこない、静かな場所で行いましょう。「占いの場」としての雰囲気を盛り上げるためにきれいに片づけたテーブルや机の上に、できればカードの絵柄がよく見えるようなシックなクロスを敷き、カードを置いて、占いを始めましょう。もちろん、ごく普通の環境で行ってもOKです。

占う事柄やテーマをひとつにして、占い中は集中する

「今の運勢は？」といった漠然とした質問をすることも可能ですが、できれば具体的に占いたいことを決めるのがよいでしょう。テーマをひとつに絞り込むことで、占いに必要な集中力も発揮されますし、問題を整理するのにも大いに役立ちます。

占う事柄やテーマに合った占法を選ぶ

タロット占いにはさまざまな方法があるので、自分の占いたいテーマに合った方法を選ぶことがポイント。はじめは簡単な方法で、慣れてきたら難しい方法にチャレンジを。簡単な方法でも占いのレベルが低いわけではなく、テーマが明確であれば、むしろ確かな答えを出せることが多くあります。

納得した結果が出ないからといって何度も占わない

ひとつのテーマについて、1日に占うのは1度だけにしましょう。どうしても答えに納得がいかないなら、占う方法を変えてみるか、日を改めて占ってください。その場合、最低一ヶ月から三ヶ月くらい時間をおくとよいのですが、問題の状況が変わり次第占うことにしてもよいでしょう。

リーディングの際は自分の直感を信じること

1枚のカードにはさまざまな意味が隠されています。その多くの意味の中から、自分が占う問題に対する答えをピックアップしていきましょう。うまく行うためには、最初に感じた直感を大切にすること。考えすぎるとよけいなイメージが入ってきてしまい、正しい答えを得られなくなります。最初はP8～11を見ながら、正しい意味をおぼえましょう。

大アルカナカードを読み解こう

タロットの絵柄には、
さまざまな神話と共通するような、
心の深い層に繋がる何かがあると、
多くの心理学者が考えています。
カードの基本的な意味をベースに、
自由にインスピレーションを働かせていくことで、
自分なりの占い方ができるようになるでしょう。

0 愚者

常識にこだわらず、気ままでのびのびとしたスピリットの象徴。断崖絶壁の上を跳ね回っている愚者は、人から見れば危険すぎるかもしれませんが、彼としては自由を謳歌しているのです。

1 奇術師

自分のスキルや知識、そしてそれを学ぶための強い意志力、新たなスタートも意味します。さまざまな奇跡を披露する奇術師の不思議の数々は、実は熟練の技によって繰り出されています。

2 女教皇

神秘的な女性は聖なる智恵の保持者。直感が示していることや、言葉にならない思い、高度なスピリチュアリティを象徴しています。内なる繊細な感性に気づくことが大切な時期です。

3 女帝

たわわに果実の実った樹木をバックに、堂々たる女帝が座しています。母なる自然を象徴し、豊かな実りや、相手を包み込むような優しさの目覚め、何かを育む大いなる母性を表しています。

4 皇帝

威風堂々とした皇帝が、玉座に腰かけて、手には王権の象徴である宝珠のついた杖が。この世に秩序をもたらすルール、権力、指導力、能力を表し、強く男性的なイメージもはらんでいます。

5 教皇

智恵のある教皇が人々を導いています。たたずまいには慈悲がただよい、その指は神の祝福を与えています。教皇はよき指導者であり、誰かからよい助言が与えられることを示しています。

6 恋人

キューピッドが、今まさに恋人たちに愛の矢を放とうとしています。このカードは情熱的な恋や好きなこととの出会いを象徴。恋は特定の相手を選んで始まることから、選択も示しています。

7 戦車

戦車（凱旋車）に乗って進んでいく将軍。ローマ時代の将軍の凱旋パレードを模して描いた、勝利を味わう姿です。戦いの後の栄光や強い行動力、努力の末の成功を象徴しています。

8 正義

剣と天秤を持つ裁判の女神が、正義の観念を象徴する西洋の伝統的な構図で描かれています。剣は厳正なる態度を、天秤は公正さを暗示。客観的に公平に、物事を判断するときを表しています。

9 隠者

暗闇の中、杖をつきながら歩いている修道士。頼りにしているのはランプの小さな光だけ。人間にとって必要な孤独、プライベートな空間や、自分だけの世界の大切さを暗示しています。

10 運命の輪

古代の人々は、人生の浮き沈みは運命の輪が回るからだと考えていました。厳粛な法則で回る運命の輪に乗って、上昇するときもあれば、下降するときもあることを表しています。

11 力

優しそうな女性が、本来猛々しいはずのライオンを手懐けています。母性にも繋がる女性のしなやかな強さが、暴力性や欲望をコントロール。精神性と肉体性の調和も意味します。

12 吊られた男

男が逆さに吊り下げられ、宙ぶらりんで身動きの取れない状態ですが、背景には後光が差し、瞑想しているようにも。罪悪感を受け止め、きちんと謝罪することの大切さを表しているのかも。

13 死神

骸骨の姿に表現された死神が、生命を奪っていきます。足下の亡骸は、死と同時に再生も暗示。終わりなきところに始まりはないというのもまた真理。このカードは転機を教えてくれます。

14 節制

両手に器を持ち、水を移し替えている天使。水は心の象徴であり、このカードは意識と無意識が交流を始めたことを示しています。静かに心の中で、変化が起こり始めているようです。

15 悪魔

大悪魔が小悪魔２人を従えています。上半身は人間で角を生やし、下半身がヤギの姿です。悪魔は人間の無意識に眠る欲望や衝動の象徴。原始的な本能が、密かにうごめいているかも。

18 月

月に向かって吠えている、狼あるいはヤギ。深い沼からザリガニが這い出してきています。彼らは月に支配された生き物。どことなく不気味な感じが、人の意識と無意識の境界を表します。

17 星

一糸まとわぬ清らかな女性が川に水を注ぎ、頭上には星が輝きます。星は金星ともシリウスともいわれています。星は希望の象徴で、流れる水は浄化の暗示。明るい未来が表されています。

16 塔

落雷が直撃して崩壊する塔。人が驕り高ぶり、天にも届くような巨大な塔を建設しようとして、神の怒りに触れたのかもしれません。稲妻は、変化のチャンスともいえそうです。

21 世界

世界はひとつの生命体であり、魂を持っていると、古代の人は想像していました。その世界で、すべてのものが完璧に調和している様子を描いています。最高の状態がここにあるのです。

20 審判

天使がラッパを吹き鳴らし、この世の終わりを告げると、墓から死者がよみがえり、生前の行いに従って審判を受けます。このカードは復活や、覚醒や自分を変えるきっかけを示しています。

19 太陽

無邪気に遊んでいる子どもの上に、太陽が輝いています。いつも変わらず輝き続ける太陽は、生命の与え手であり、明るい理性の象徴。一点の曇りもない晴れやかな気持ちを表しています。

タロットカード占いの始め方

占いの基本的な流れは以下の通り。邪念を払い、集中することで、より確かな答えを導き出すことができます。経験を積むうちに、カードへの理解が深まり、占いのレベルもアップしていくでしょう。

1 新しいカードの使い方

タロットカードを手に入れたら、使い始める前にやっておきたいことがあります。まず、1枚1枚のカードをじっくりと眺めるようにしましょう。それぞれのカードを味わうようにするのです。この作業でカードの絵柄との絆が生まれます。

2 占う日は月齢を確認して

占う日には、それほどこだわらなくても構いません。ただ、誕生日やお正月、ときには新月や満月、春分など何かの「節目」のときにカードを引くのは、気持ちを新たにするうえでよいかもしれません。なお疲れているときは、どうしても適切なカードが引けなくなるので避けたほうがよいでしょう。

3 占う時間は？

タロットで占う時間帯は気にしなくても構いません。いつ占ってもよいのです。深夜には魔が入りやすいので占ってはいけない、などという人もいますが、タロット自体には魔力はないのでナンセンスです。ただ、人目が気になる混雑した時間帯のカフェなどが向かないのは当然のこと。

4 タロットの扱い方

自分のタロットはほかの人に触らせてはいけない、という人がいます。これはある意味、本当です。僕も小さな子どもにタロットを触らせてしまって口に入れられてしまったことがあります(笑)！　ただほかの人の念が入る、などという珍説はあまり気にしなくてよいでしょう。水晶や月光での「浄化」も、もしあなたがしたいならどうぞ（しなくてもぜんぜんOK）。ただ汚れた手で触らない、湿気や直射日光を避ける、といった常識的なことは守ってください。

占う手順

カードがよく混ざるようにシャッフルする

裏向きでひとつにまとめてから、両手で右回りによくシャッフルして、またひとつにまとめましょう（人を占う場合は相手も同様に）。

利き手でカードをカットする

利き手でカードを３つの山に分けて、カットします。分ける順序はインスピレーションで決めましょう。もう一度ひとつにまとめて置きます。

カードを引いて、読み取る

カードの意味はP８～11にありますが、「自由」を表す愚者のカードなら「ルールを意識する」など、状況に応じて逆の意味を深読みするのもおすすめ。

初心者必見

1枚引きで占ってみよう!

すぐに答えが出る手軽な占いです。
迷い事があるときや、気持ちが落ち着かないときに、タロットの声を聞いてみましょう。
カードをシャッフル&カットしながら、頭の中で占うことをしっかりと念じましょう。
そして、これだと感じるカードを1枚引きます。

0 愚者
初心に戻って物事を見て。新しい可能性に気づくはず。

1 奇術師
斬新で創造的な行動を意識すれば現実は変わります。

2 女教皇
内なる感覚に耳を澄まし、どうしたいのかを感じて。

3 女帝
人を縛りつけず成長を望むと、開運に繋がります。

4 皇帝
必要なときには「ノー」ときっぱり言うことも必要。

5 教皇
アドバイスを受け入れつつ、自分の考えも答えに取り入れて。

6 恋人
大切なものと出会い、変化していくプロセスにいます。

7 戦車
目的に向かいまっすぐに行動を。ただし頑固はNG。

8 正義
感情に流されるときは、冷静になってから判断しましょう。

9 隠者
新しいステップのために、自分の内面と向き合って。

10 運命の輪
チャンスがきたと感じたら、迷わず行動しましょう。

11 力
感情的な行動は控え、状況を把握してから動いて。

12 吊られた男
自分の方向性に迷ったら、夢や目標を考え直して。

13 死神
手放すと、いい流れが起こります。変化を受け入れて。

14 節制
善か悪かを決めつけず、寛容な気持ちでいましょう。

15 悪魔
自分の願望は抑え込むのではなく、認めてあげて。

16 塔
プライドを捨てて、新たなスタートを切る準備をして。

17 星
新しい夢や目標が見つかりそう。星占いもヒントに。

18 月
自分や人の秘密が表面化しても、感情的にならないで。

19 太陽
自分をのびのび表現することで、人から好かれそう。

20 審判
状況に対して、新しい自分で対処すれば運が開けます。

21 世界
次の目標を見つけて進むべき段階です。自分を信じて。

今後一ヶ月の運勢を知る

フォーエレメンツ・スプレッド

やり方

1 22枚のカードをよくシャッフルし、カットしてからひとまとめにしましょう。

2 上から5枚目のカードを①の位置に置きます。

3 次のカードから5枚目のカードを②に、そこから5枚目のカードを③、次のカードから5枚目のカードを④の位置に置きましょう。

①1週目、②2週目、③3週目、④4週目と、一週間単位で、どんな出来事が起こるか、どんな状況になり、どんな出来事が起こるか、という答えが出てきます。何か行動を起こしたい場合、一ヶ月間のうち、どのタイミングでチャンスがあるのかも見えてくるでしょう。

Q 新しい習い事を始めるのはいつがよい？

①審判

②塔

③隠者

④恋人

1週目「審判」は変化するための挑戦を、2週目「塔」は自信過剰を改める必要性を、3週目「隠者」は1人で考える時間を、4週目「恋人」は大切なものと出会うチャンスを表します。1週目でもよいですし、2〜3週目で本当にやりたいことを見極めて、4週目に始めるのもおすすめ。

問題をじっくり分析する
十字スプレッド

やり方

1　22枚のカードをよくシャッフルし、カットしてからひとまとめに。

2　上から1～10枚目までのカードを、図のように配置します。

①現在の状況、②問題を困難にしていることや障害、③目標としていること、④過去の状況、今の問題を引き起こした原因、⑤近い過去の状況、⑥近い未来の状況、⑦無意識に抑圧しているもの、⑧周囲の人のあなたへの評価、⑨願望や恐れ、⑩結果・結論、がわかります。どんなことも占えますが、とくに一つの問題をじっくりと分析したいときに有効。時間の流れを追いつつ、気持ちの変化も見ていくことができます。

今の仕事をやめて独立したいのですが、大丈夫でしょうか。

A　近い未来の「教皇」が、独立をサポートしてくれる存在が現れることを示しています。隠された本音の「死神」は、今のリセット願望を表現。将来の気持ちの「悪魔」は、独立すると人と敵対する恐れを警告していますが、結果の「世界」は成就を象徴。夢が叶うことを語っています。

③力

⑩世界

①運命の輪

⑥教皇

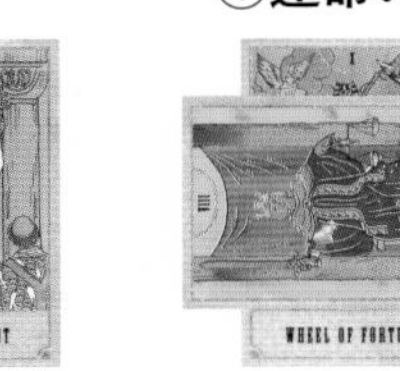

②正義

⑤節制

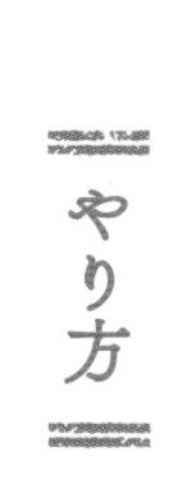

⑨悪魔

⑧戦車

④吊られた男

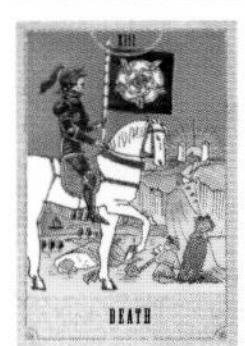

⑦死神

どうすればよいか知りたいときに
ヘキサグラム・スプレッド

	① 過去の原因	
周囲の状況 ⑤		⑥ 本人の願望
	⑦ 最終予想	
未来 ③		② 現在の状況
	④ 対応策	

やり方

1 22枚のカードをよくシャッフルし、カットしてからひとまとめにしましょう。

2 上から7枚目のカードを①の位置に、表向きに置きます。

3 続けて、②、③の位置に、カードを表にして置きましょう。

4 次に、残ったカードの上から7枚目を④の位置に、次のカードを⑤、さらに次のカードを⑥の位置に、それぞれ表向きに置きます。

5 そこからカードを、中央の⑦の位置に表向きに置きましょう。

プロの占い師もよく使う方法。案外簡単に覚えられます。テーマをひとつに絞ることを意識すれば、ベストな結論が導き出せます。

Q どうすれば
親友ができますか？

A 「隠者」で、過去の慎重さから引っ込み思案に、現在は「世界」で周囲と調和できるようになり、未来も「星」で楽しい友達付き合いができそう。周囲は「恋人」であなたに好意的。「皇帝」も出て、もともとリーダー的資質があるので、「節制」を意識してわがままにならなければ信頼されます。

①隠者

⑤恋人

⑥節制

⑦皇帝

③星

②世界

④吊られた男

精神的な問題を探りたいとき

生命の樹・スプレッド

①あなたの望むこと
②智恵・アイディア
③義務・制限
④基礎作り・建設力
⑤反対・障害
⑥パワー
⑦愛情
⑧協力者・チャンス
⑨潜在意識
⑩最終結果

やり方

1 22枚のカードをよくシャッフルし、カットしてからひとまとめにしましょう。

2 上から3枚目のカードを①の位置に、次のカードを②、その次のカードを③に表向きに置きます。

3 さらに、そこから3枚目のカードを④の位置に、次のカードを⑤、その次のカードを⑥の位置に、表向きに置きましょう。

4 さらにそこから3枚目のカードを⑦の位置に、次のカードを⑧、その次のカードを⑨に、表向きに。

5 そこから3枚目のカードを⑩の位置に表向きに置きます。

慣れるまで時間はかかりますが、心の問題を解決するのに適しています。

Q

これから進むべき道は？

「節制」「世界」から、勉強に励み、謙虚でいればヒントが見つかりそう。障害の「太陽」は、成長するためには壁が必要だと示しています。パワーの「星」は希望を表現。潜在意識の「女帝」は創造性を表現。最終結果「吊られた男」は、目標を定め直すことを提案しています。

①愚者

③世界

②節制

⑤太陽

④死神

⑥星

⑧力

⑦運命の輪

⑨女帝

⑩吊られた男

ホロスコープ・スプレッド

「今年の運勢は？」など漠然とした質問にも対応できます。

やり方　1～13枚目のカードを図のように配置。①質問者の性格、②金銭運、③教育・コミュニケーション、④家庭生活、⑤恋や楽しみ、⑥仕事、⑦結婚・対人関係、⑧死とセックス、⑨海外・高等教育、⑩職業、⑪目標・到達点、⑫友人関係、⑬無意識・隠されているもの、を読み解きます。

シンプル・クロス・スプレッド

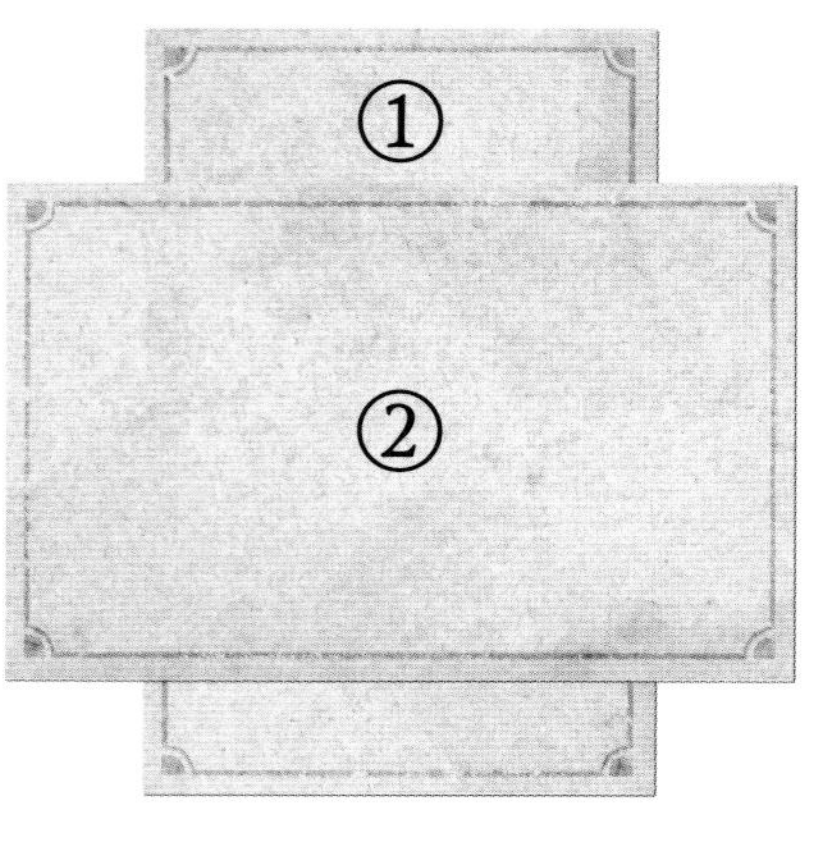

十字スプレッドを限界までスリムダウンさせた占い方です。シンプルでありながら、鋭い洞察を与えてくれるので、自分の状況や問題点を明確にしたいときにぴったり。

やり方　1～2枚目のカードを図のように配置。①現在の状況、②問題の所在や希望の実現を邪魔するもの・試練を示しています。２枚を比べながら読み解きましょう。

太陽スプレッド

今日のラッキースポットを占えます。

やり方　カードを裏向きで円形に並べ、直感で1枚引き、表にして中央に置きます。「奇術師」「教皇」「隠者」「節制」「悪魔」「審判」なら職場や教室。「女教皇」「運命の輪」「吊られた男」「月」「世界」なら家。「女帝」「恋人」「正義」「死神」「星」ならカフェなど人が集まる場所がラッキースポットです。

V字スプレッド

①

知りたい答えがズバリ判定できる占い方です。あらかじめテーマをはっきりと決めておくことがポイントです。

やり方　上から7枚目のカードを①に、次のカードから7枚目を②に、次のカードから7枚目を③に置きましょう。①から現在の状況、②から成功への道、③から最終的な結果、を読み解きます。

すべて思い通りの運命になる！

無敵の開運術 STEP1

開運を導くには、日頃からの考え方や行動があなたの運命を左右します。
あなたの潜在意識を目覚めさせて、
巡ってくるよい運気をキャッチするには、訓練が必要です。
STEP1では、8人の人気開運マスターたちによる
「すぐに始められる無敵の開運術」を紹介します。
自分に合う開運術に出会い、あなたの人生がよりよくなることを祈ります。

無敵の開運を手に入れるための習慣

「私には運がない」とか、「運を使い果たしちゃったかも……」などと嘆く人がいるかもしれませんが、そもそも「運」というものは目に見えないですし、形がありません。「運が悪い人」「運がよい人」がいるように「運が悪い人」もいて、そのすべては毎日の小さなちょっとした努力の積み重ねによるものなのかもしれません。

そして最も重要なのは、心の持ち方です。開運を手に入れている人にはいくつかの共通点があります。「多くの友達がいるあの人はいつも笑顔で感謝の気持ちを忘れない」「あの人は優しく、いつも周りへの配慮が行き届いている」……開運を手に入れている人は、すでに自分自身が幸せになっていて、その幸せを周りの人たちにも分け与えているのです。

ここで紹介するちょっとした習慣を実践して、開運を呼び込んで幸せのループを広げましょう。

1 ポジティブな言葉を発して、口角を上げる

口から発する言葉は不思議なパワーがあり、潜在意識や思考に影響を与えています。古来「言葉に霊力が宿っている」という考え方があり、それらを「言霊（ことだま）」と呼んでいます。ネガディブな発言や悪い言葉を使うと、現実でもマイナスなことを引き寄せてしまいます。逆に、前向きな発言や明るい表情でいると、ラッキーなことを引き寄せ、願望が叶いやすくなるでしょう。

2 部屋や身の回りを整理整頓して、清潔にする

自分が住んでいる環境を整えることは開運の大前提です。整理整頓されてない部屋や汚れた場所は、運気を下げて健康面や精神面にも悪影響を及ぼします。汚いものを毎日見るよりもきれいなものを毎日見るほうが心が潤うのと同じで、部屋がきれいだと、思考も活性化されて物事がスムーズに進みます。風水にもあるように、空間を大事にすることが開運の第一歩です。

周りの人を大切にして、自分のことも大切にする

人間は１人では生きていけません。家族や友人、支えてくれる人たちがいるから、今の自分があるのです。孤独を感じている人も、決して１人ではないことを忘れないでください。一緒に同じ時間を過ごして、周りの人たちを楽しませたり、自分から幸福を与えましょう。他人はもちろんですが、自分のことを一番理解して愛せるのは自分なので、自分自身を大切にしてください。

4

あらゆることへの感謝の気持ちを常に忘れない

「ありがとう」という言葉には魔法があります。ご飯が食べられること、家族や友人と過ごせること、今この瞬間を生きていることなど日常で当たり前になっていることでも当たり前と思わず、「奇跡」だと思って感謝の気持ちを持つことが大事です。感謝の気持ちは、言葉に発するほうがよいですが、心の中でも感謝の心をいつも持って周りの人たちと接してみてください。

5

叶えたい夢や物事に諦めずに取り組む

目標や夢はありますか？ あなたの人生のヴィジョンを明確にすると、自分自身も努力をして向上していくので目標が達成できたり、夢が叶いやすくなります。最初から諦めないで「できる！」と自分を信じて一生懸命物事に取り組んでみる精神力がポイントです。諦めない強い心が、目標や夢以外にも将来的にかけがえのないものに出会わせてくれるかもしれません。

6

規則正しい生活習慣を取り入れる

開運するためには心身ともに健康的でないと、運が巡ってきてもその運を受け止める余力がなくはね返してしまいます。生活習慣を規則正しくすることは身体的にももちろんですが、精神的にも気持ちに余裕ができるでしょう。「毎日15分間ストレッチをする」「肉と魚を週に４回以上食べる」など無理なく続けられるルーティーンを決めてみるのもおすすめです。

古代中国で生まれた最強開運術

歩くだけで開運！奇門遁甲開運法

古代中国で生まれ、皇帝や諸葛孔明が用いた奇門遁甲。その複雑な理論を「歩く」というシンプルな方法で実践する方法を紹介します。

世界のあらゆる事象を読み解く奇門遁甲

「奇門遁甲」という言葉を聞いたことがあるでしょうか。奇門遁甲とは、『三国志』に登場する天才軍師・諸葛孔明が使っていたものです。私が占術家になるきっかけとなったのも奇門遁甲との出会いでした。私は岡山県出身なのですが、10年くらい前に心身を悪くして、治療のために上京しました。自宅と病院を往復する日々の中で、横山光輝さんのマンガ『三国志』を読んだ際に、諸葛孔明が奇門遁甲を使うシーンが描かれていたのです。これが心のどこかに残っていました。

そして、無事治療が終わり、社会復帰する際に占い師の友人から仕事を手伝ってくれるように頼まれました。私はそれまで占いとは無縁の人生を歩んできたのですが、奇門遁甲を学べるならばと、私も占術家の道を歩むことになったのです。

いざ勉強をしてみると、奇門遁甲の難解さに驚きました。もし奇門遁甲が誰でも簡単に学べるものだったら、すぐ飽きていたかもしれません。しかし、あまりに難しいので逆にハマってしまったのです。奇門遁甲に関する書物は日本ではあまり多くありません。やはり本場である中国の文献も読む必要があると思い、中国語も学びました。中国の奇門遁甲は、日本とは比較にならないほどレベルが高く、夢中で読みました。

奇門遁甲の歴史

紀元前約2500年前（神話の時代）

古代中国の黄帝が蚩尤との戦いの際に九天玄女から授けられる。

3世紀

蜀の軍師・諸葛孔明が奇門遁甲を兵法として用いる。

7世紀

百済の僧・観勒によって、日本に奇門遁甲が伝わる。

アーロン千生
Aaron Chinari

風水師・占術研究家。風水とともに風水に関わる占術、歴史、暦法、択日法、天文学、方位学、家相学、占星学、人相学、中医学などを学び研鑽を重ね、東洋から西洋まで幅広い知識を持つ。風水コンサルティングと並行し、本格的な中国伝統風水、東洋占術の講師として人材育成を行い、プロの風水師・占術家も数多く受講している。主な著書に『ある吉──たった5分歩くだけ！奇門遁甲開運法 2021年版』（太玄社）がある。

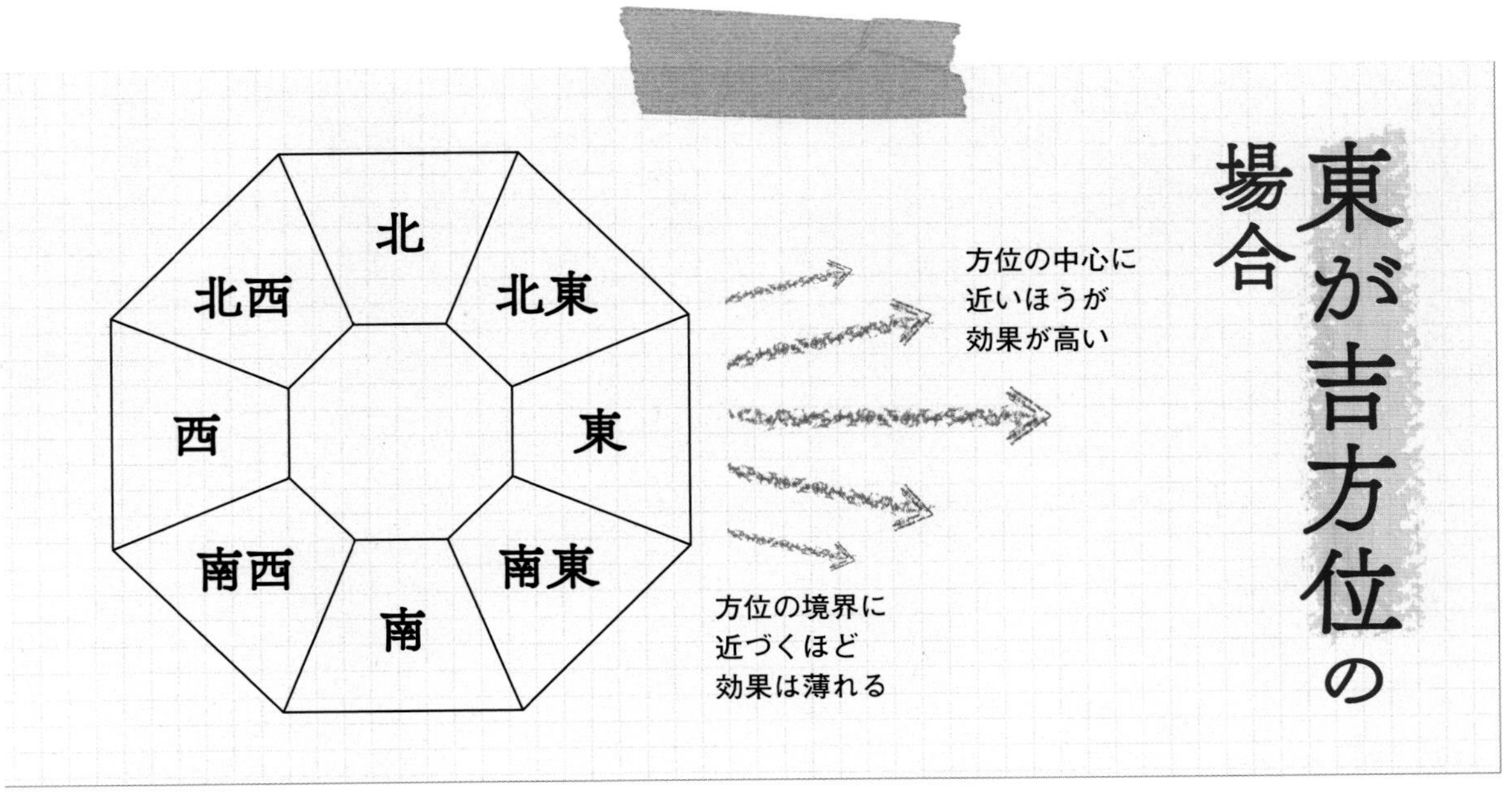

奇門遁甲は紀元前約2500年前、神話の時代の黄帝(こうてい)が九天玄女から授かったとされる占術です。日本における九星気学と混同される場合もありますが、まったく異なるものです。九星気学では1つの盤を用います。とてもシンプルで扱いやすい。しかし、要素が少ない分、そこから読み取るメッセージは、占術家の非常に高い技量が求められます。

奇門遁甲には多くの流派が存在します。日本の奇門遁甲では2種類の盤を使い分ける流派（透派）が主流ですが、この使用法は日本と台湾の一部だけでしか使われていません。私が用いる奇門遁甲は、中国で主流の方法で、主に明代・清代の奇門遁甲書に基づいています。5つの盤を使用し、これらの盤が立体的に構成されています。まず八神＝8つの神様が配置され、その下に九星＝9つの星（九星気学の九星とは異なります）があり、その下の地面に八門＝8つの門が立っています。この神・星・門の世界に、天干と地干という人物や事象をシンボル化したものを重ねて読み解きます。

昔の人があらゆることを記号にして図式化したものであり、この広大な世界・宇宙を凝縮して表したものです。古代から培ってきた叡智が蓄積された世界のモデルといえます。

奇門遁甲の智恵から生まれた「歩く開運術」

奇門遁甲をもっと簡単に活用できないだろうか。そう考えて、私はさまざまな智恵を試しました。奇門遁甲は長い歴史を持つ占術なので、古い情報もたくさんあります。だから現代にも通じるようにアップデートしなくてはいけない。そして、これは現代でも使える、という智恵を探していきました。その中で私が実践してみて最も効果があったのが、「ある吉」です。

ある吉とは「歩いて吉方位に行くこと」で、その日の吉方位に向かって5分歩いて5分滞在する、というとてもシンプルな開運術です。なぜ5分なのか。これは私が実際に試した結果です。長い時間歩いたほうがいいのか、どれくらい止まったほうがいいのか、凶方位に歩いたら本当に災難があるのか、いろいろと試した結果、最も簡単で最も効果があったのが、

奇門遁甲の智恵から生まれた

歩く開運術〝ある吉〟

ある吉(時盤)の場合

約500m(約5分)

自宅

目的地
5分以上滞在

たび吉(日盤)の場合

約50km以上、1時間以上移動

寝て起きた場所
(自宅やホテルなど)

目的地
4時間以上滞在

Point.1
ある吉を行う日時を決める

奇門遁甲では、標準時ではなく、太陽の位置から算出された自然時で行います。そのため、時計に示された時間と前後することがあるため注意しましょう。北海道札幌市ではプラス25分、沖縄県那覇市ではマイナス30分となります。吉方位は2時間ごとに変化します。例えば、午の刻(11:00〜13:00)にある吉を行うとして、正午前後ならば日本全国、どこでもある吉を行って大丈夫ということです。

Point.2
吉方位にある目的地を決める

ある吉を行うゴール地点を決めましょう。距離ならば5分程度。Googleマップなどで徒歩5分以上かかる目的地を決めます。吉方位にまっすぐ進むことはできませんから、最終目的地が吉方位であれば問題ありません。方位は、東西南北とその間(北東・北西・南東・南西)の八方です。そのため各方位には45度の幅があります。この八方のうち方位の中心に近いところを目的にするとより高い効果があります。

Point.3
目的地では5分以上滞在する

5分(500m)歩いて、5分滞在する理由は、古代中国に由来します。中国の城は、街全体が城壁で囲まれた城郭です。この城の中心から各門までの距離が、500m〜1kmでした。門には門兵がいて、この門から出るための手続きに5分程度かかります。城の中心から門を出ていく一連の行動を現代にオーバーラップさせ、奇門遁甲が生まれた古代中国に思考をリンクさせることで、開運に結びつきます。

「5分歩いて5分滞在する」だったのです。

　このある吉の発展版として、「たび吉（旅して吉方位に行く）」があります。これは旅行など長距離移動する際に用いることでさらに高い効果が得られます。「たび吉」の場合は、50キロ以上、1時間以上の移動を行い、目的地に4時間以上滞在します。可能ならば1泊するとさらによいでしょう。スタート地点は寝て起きた場所です。自宅や旅先ならば、旅館やホテルがスタート地点になります。吉方位については、先ほど書いたように年月日時によって異なりますので、『ある吉——たった5分歩くだけ！　奇門遁甲開運法　2021年版』（太玄社）をご参照ください。

　誤解してほしくないのは、奇門遁甲において方位術というのは、一部分でしかないということです。方位というのは、奇門遁甲における象意のひとつの要素です。ただ象意を読み取ることはとても難しいことです。そこで人生や日常生活に奇門遁甲を取り入れるために、日本人にとって馴染み深く、奇門遁甲の要素である方位と時間を用いたのが「ある吉」なのです。

　歩いて滞在するだけで、なぜ開運するのか。まず歩くというのは、振動を起こす行為です。例えば、誰も住んでいない家ならば、奇門遁甲の影響は受けません。しかし、そこに人が住むと、人が移動することで振動が起き、また体温というエネルギーが移動します。こうしたことにより、世界にアクセスされ何らかの事象が起きます。歩くとは振動する、エネルギーが移動することにより、見えない世界のスイッチを入れることなのです。

　あなたにとって何が大切か、今叶えたいことは何か、どうすれば幸せになるのか……宝くじのような一時的な幸運ではなく、あなたの人生におけるビジョンを明確に持ってほしいと思います。そして、その幸福な未来へのイメージを持ちながら「ある吉」をすることで、「願いが叶った世界」へと導いてくれます。

　まずはあなたが人生において叶えたいことを明確化しましょう。「ある吉」はたった10分でできる最も簡単な開運術です。ぜひ日常生活に取り入れてみてください。

POINT　ある吉のポイント

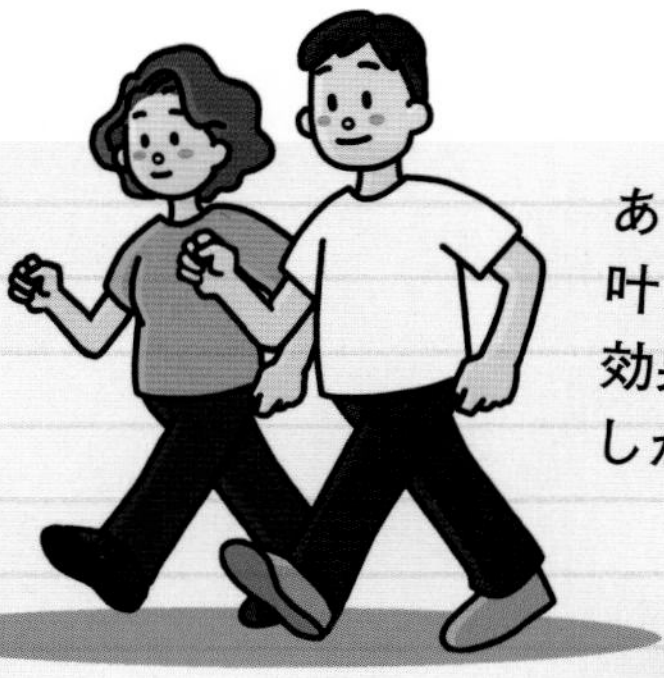

ある吉は人生で叶えたいことに効果あり！
しかし、依存はNG！

なりたい自分のビジョンをイメージしよう。

そうすることで運を掴みやすくなります！

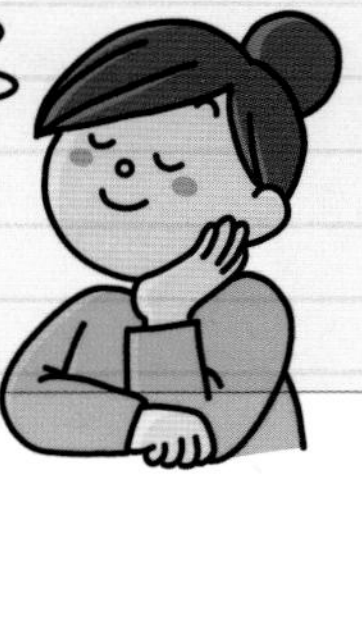

願うだけでなく、行動しよう。
能動的であればあるほど効果UP！

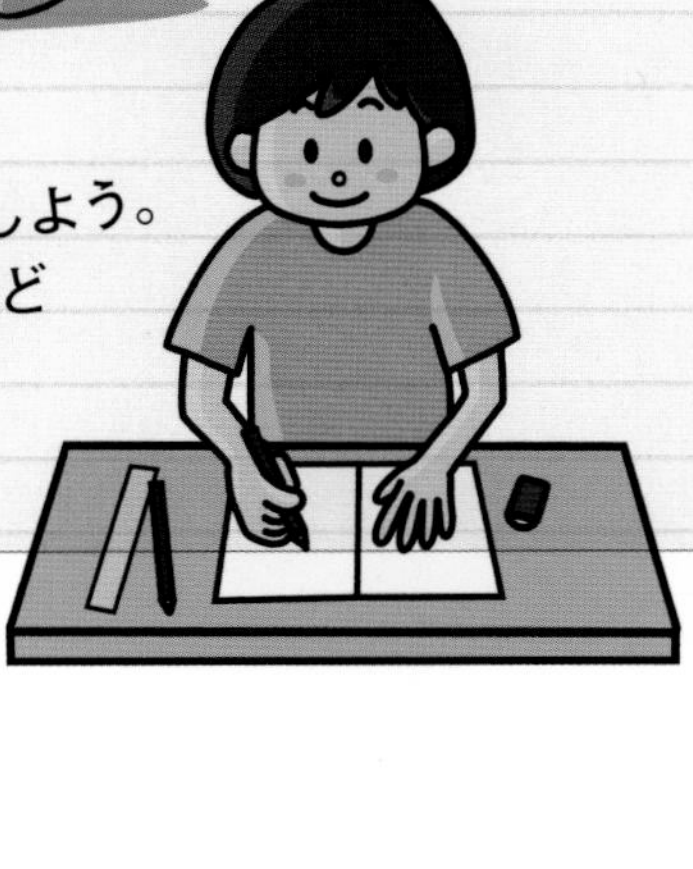

数字の力で運気をアップ！

琉球風水志シウマが教える 宝くじを当てる数字の魔法

携帯番号の下4ケタでわかる運勢やその人が持つ数字（強数）を使った開運アクションなど、「数意学」を編み出したシウマさんが、数字が持つ力について紹介します。

数字のエネルギーで人生をプラスにする

「ラッキー7」の7や末広がりの8は縁起が良い数字、4と9は「死」と「苦」に通じることから縁起が悪い数字といわれます。このように私たちは、日常生活で何気なく、数字に意味を求めています。

数字は、それぞれ固有のエネルギーを持っています。そして、誕生日や携帯電話の番号、車のナンバー、クレジットカードの暗証番号などが、実は私たちの人生に影響を及ぼしています。数字のエネルギーには「吉数」と「凶数」があります。私は鑑定した10万人のデータを検証したところ、数字と運気に関係性があることがわかりました。この数意学に基づいた吉数と凶数の意味を知れば、あなたの運気はぐんぐん上がります。

日常生活に吉数を取り入れよう

まずは自分の身の回りのものの数字をチェックしてみましょう。携帯電話ならば下4桁の合計、クレジットカードやキャッシュカードの暗証番号の合計、車の4桁の数字の合計などです。2桁で81を超える場合は80を引きます。（91ならば91－80＝11）。こうして出た数字が吉数ならばプラス、凶数ならばマイナスの影響を受けます。もし凶数ならば、これらの番号を吉数に変えましょう。キャッシュカードの暗証番号の合計でおすすめなのが、吉数の中で、とくによいとされる5大吉数です。このうち「52」を選ぶことができませんので、「15」「24」「31」「32」のどれかにしましょう。

数字の力を日常のさまざまなところで利用することができます。例えば、「5」は協調性や思いやりの数字、「15」は人脈や人気の数字ですので、商談や飲み会などは、5番の会議室や15番テーブルなどを選ぶといいでしょう。また「7」は勇気や独立、意思強固の数字です。大勝負をする際に電車の7号車に乗ったり、転職などの大きな決断をするときには7日に行うことがおすすめです。

シウマ
Shiuma

琉球風水志。風水師の母の影響により琉球風水、姓名判断、九星気学を学ぶ。それらをもとに「数意学」を編み出す。これまでに延べ10万人以上を鑑定。『突然ですが占ってもいいですか？』（フジテレビ系）に出演。YouTube『琉球風水志シウマの「Let's 開運」』で動画配信中。主な著書に『琉球風水志シウマが教える あなたの運命をつかさどる「数字の暗号」』（講談社）、『シウマさんの琉球風水開運術！』（KADOKAWA）などがある。

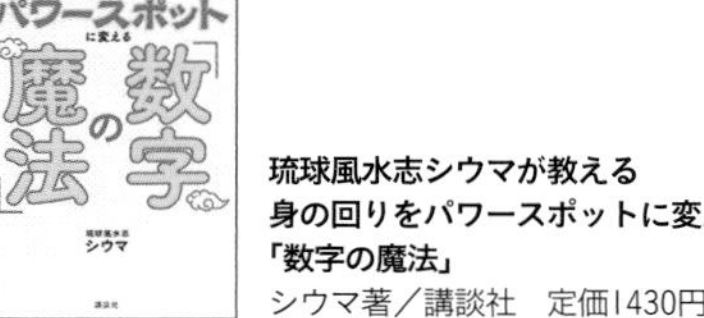

琉球風水志シウマが教える
身の回りをパワースポットに変える
「数字の魔法」
シウマ著／講談社　定価1430円

琉球風水志シウマが教える
あなたの運命をつかさどる
「数字の暗号」
シウマ著／講談社　定価1430円

よいエネルギーを持つ数字で、
特に15、24、31、32、52は五大吉数と呼ばれます。

1、3、5、6、7、8、11、13、15、16
17、18、21、23、24、25、29、31
32、33、35、37、38、39、41、45
47、48、52、57、58、61、63、65
67、68、71、73、75、77、78

凶数

あまりよくないエネルギーを持つ数字です。

2、4、9、10、12、14、19、20、22
26、27、28、30、34、36、40、42
43、44、46、49、50、51、53、54
55、56、59、60、62、64、66、69
70、72、74、76、79、80

開運★数字早見表

5 協調性やバランス感覚を表す数字。会議や商談、食事や飲み会のときに、相手から信頼を得やすく、距離が縮まります。

7 「切り離す」性格があり、無駄遣いを防いだり、嫌な出来事からリセットしてくれる数字です。強い勝負運も持っています。

8 安定感や、堅実さを表す数字。健康運に強いほか、防御力があるために犯罪から身を守ってくれる数字です。

15 人間関係が充実する数字で、恋愛や友人関係などに有効です。とくに女性が最高の幸せを掴み取ることを助けてくれます。

24 一番お金に愛される数字で、子どもが欲しい人にも効果があります。財運、資産、玉の輿などに有効です。

25 計画性を表す数字です。計画的に物事を進めることに有効です。お金の運用やデートの計画などに力を発揮します。

31 公私ともに充実し、最高に人に恵まれる数字です。周囲からの評価や、部下から慕われる効果があります。

32 チャンスを広げたり、縁を結ぶ数字です。くじ運、出会いなどに効果があります。好きな人への告白やSNSにも有効です。

52 アイデアが湧き成功する力を持っています。豊かな才能と華やかな雰囲気を持ち、チャンスを必ず成功に繋げる数字です。

十二支から宝くじを購入する日を決めよう！

吉数のエネルギーに十二支の力をプラスする

吉数の力で宝くじを当たりやすくすることができます。前述したように、クレジットカードなどの暗証番号を吉数に変えて、金運をアップさせるのもその一つです。このほか、金運アップの数字を携帯電話の待ち受け画面にしたり、吉数が書かれたシールを貼っても効果があります。また腹筋の回数を吉数にしたり、ストレッチの時間を吉数の分にするなど、日常的に吉数を意識して行動することで、運気はどんどんアップします。

宝くじを買う場合、いつ買えば当たりやすくなるか。これにはもちろん数も関係しているのですが、凶数の月の場合は少し難しくなったり、ギャンブル系の場合は吉数ではなく凶数のほうが当たりやすいこともあります。

よくいわれる「一粒万倍日」に購入することも効果的ですが、私がおすすめするのは十二支で購入する日を決める方法です。十二支にもそれぞれ運気の特徴があり、十二支の中で金運に関係するのが、丑・巳・酉です。この3つは「金三合」と呼ばれています。その年の年男・年女の人は、丑・巳・酉の人にお金を預けて、宝くじを買ってきてもらうと当たりやすくなります。丑・巳・酉の人たちは、3人でお金を出し合い、勝負運が強い寅・午・戌の人たちに宝くじを買ってきてもらうと絶大な効果があります。

もしあなたが、そのような十二支でなかったり、個人で購入する場合には、丑の日、巳の日、酉の日に宝くじを買いましょう。その年ごとに十二支が割り振られているように、日にも十二支が割り振られています。金三合の日に宝くじを購入するだけでも効果があります。

宝くじを買うのならば、「丑・巳・酉」を意識しよう

丑・巳・酉年以外の生まれの場合

丑・巳・酉は「金三合」と呼ばれる金運に強いグループです。丑の日、巳の日、酉の日に宝くじを買うと効果があります。

年男・年女の場合

その年の年男・年女の人は、丑・巳・酉の人にお金を預けて、宝くじを買ってきてもらうことで当たりやすくなります。

丑・巳・酉年生まれの3人グループの場合

丑・巳・酉生まれの３人グループでお金を出し合って、勝負運が強い寅・午・戌の人たちに宝くじを買ってきもらうと絶大な効果があります。

シウマ式

宝くじが当たる買い方

数の力で、吉日の金運をさらにアップさせることができます。
宝くじが当たる運気を上げるための当日の行動を教えましょう。

1

事前準備

携帯電話に「24」のシールを貼る

金運最強の吉数である「24」のシールを携帯電話に貼りましょう。常に身につける携帯電話に吉数を貼ることで、金運がアップします。

2

朝

「〇時24分」に起床する

宝くじを買いに行く日の目覚ましを「〇時24分」 にセットして起きましょう。時間は何時でもＯＫですが、分は金運の吉数24にしましょう。

3

行動

鏡などを吉数で磨く

鏡、ガラス、シンク、ジュエリーなどキラキラしているものを磨くと金運アップに繋がります。磨く回数は吉数である「24回」がおすすめです。

4

財布

入れるお金は「8の倍数」

財布に入れるお札の総額を８の倍数にすると、経済的な安定を手に入れられます。８の倍数で、チャンスを呼び込む吉数である「32」となる３万2000円がベストです。

5

ラッキーアイテム

唐辛子を持つか、辛くて赤い食べ物を食べる

唐辛子や赤い食べ物がラッキーアイテムです。あるいは宝くじを買う前に唐辛子の入った辛くて赤い食べ物を食べてもＯＫです。

6

購入

「○時31分」に出発する

時間は何時でもＯＫですが。西日は風水的に実りを表すエネルギーなので、16時から日没までの時間に買いに行くのがおすすめです。購入する金額は直感で決めましょう。

保管方法

保管袋に吉数を書く

チームで共同購入した場合は「31」、家族や個人で購入した場合には「24」を、宝くじを入れている袋に書きましょう。たくさん購入した場合は、北西・西・北東の方位にそれぞれ分けて置くのも効果的です。

神様に相談して願いを叶える！幸せを呼び込む神社参拝の方法

幼少期から目に見えない世界に触れ、ベストセラー『ダンナさまは幽霊』の著者である流光七奈さんが、願いを叶えやすくする神社参拝の方法をレクチャーします。

神様に相談して答えのサインを受け取る

神社には神様がいらっしゃいます。そして、参拝される人たちのお話を熱心に聞いてくださっています。しかし、多くの人はお願い事をするだけで、神様と会話をしようとしていません。もちろん霊的な力が強くない人が神様の声を聞くことは難しいのですが、神様はそのような人たちにもサインを示してくれます。

「○○を叶えたいのですが、どうすればいいですか？」と聞くと、神様は「それならばこうしなさい」と答えてくれます。ぜひ神社では「お願い」ではなく、「相談」をするようにしてください。

神様に相談をするのですから、マナーは大事です。まずは前日に地元の氏神様の神社に自分の名前と住所をいって、「○月○日に○○神社に相談に行こうと思いますのでよろしくお願いします」とお取り次ぎをお願いします。神様にアポ取りをするのです。

知っておきたい参拝のマナー

神社に行く時間は日中にしましょう。夜は生き物以外の存在が参拝する時間だからです。参拝の際には、男性ならばスーツなど、失礼のない服装が望ましいでしょう。

神様に相談した後は、何らかのサインがあります。それは出来事であったり、相談事の答えに繋がるインスピレーションだったりします。より具体的な行動指針を知りたければおみくじを引くのもよいでしょう。神様から答えをいただけたら忘れずにお礼参りをしてください。

とくに相談事がなくても神社にお参りするだけで、運気を向上させることができます。運気がアップする月にお参りすることで、運気をよりアップさせることができます。もうひとつおすすめしたいのが、逆に運気がダウンする月です。神社で厄祓いをするように、やってくる厄から守ってくれるパワーが神社にはあります。神社の清浄な空気を吸い込み、運気ダウンを抑えるようにしましょう。

流光七奈
Nana Ryukoh

スピリチュアルリーディングを中心に、「裏ホロスコープ占星術」などのオリジナル占術を組み合わせて占う占い師。現在は、裏ホロスコープ占星術をメインに女性向けメディアで占いを連載中。主な著書に『ダンナさまは幽霊』シリーズ（イースト・プレス）、『厄除け・開運・パワースポット ニッポンの神社2019-2020』（主婦の友社）、『あの世の社会見学』シリーズ（竹書房）。

2022年 12星座別

神社に参拝すべき おすすめ月

運気がアップする月は、開運のチャンスです。
神様のお力をいただいて、運気をさらにアップさせましょう。
運気がダウンして要注意の月には、神社に参拝して神様に守っていただきましょう。

星座	誕生日	属性	運気アップの月	運気ダウンの月
おひつじ座	3/21〜4/19	火	4月	2・7・11月
おうし座	4/20〜5/20	地	6月	3・5・9月
ふたご座	5/21〜6/21	風	5月	1・6・10月
かに座	6/22〜7/22	水	7月	4・8・12月
しし座	7/23〜8/22	火	8月	2・7・11月
おとめ座	8/23〜9/22	地	10月	3・5・9月
てんびん座	9/23〜10/23	風	9月	1・6・10月
さそり座	10/24〜11/22	水	11月	4・8・12月
いて座	11/23〜12/21	火	12月	2・7・11月
やぎ座	12/22〜1/19	地	1月	3・5・9月
みずがめ座	1/20〜2/18	風	3月	1・6・10月
うお座	2/19〜3/20	水	2月	4・8・12月

ご縁を結ぶ神様に出会える！神社12選

神様の属性を考えてお参りしよう

十二星座は「火」「地」「風」「水」４つのエレメント（属性）に分けられますが、日本の神様もこの４つのエレメントの属性に分けることができます。「火」ならば火・鉱物・岩などの神様、「地」ならば大地・植物・山の神様、「風」ならば風・天候・天文などの神様、「水」ならば海や川などの神様となります。そのため、あなたの十二星座の属性と同じ属性の神様を祀る神社が相性のよい神社になります。

恋愛運や人間関係、仕事などのご縁に関係するのは、「水」と「地」の属性の神社です。「水」は人間関係をスムーズにして結びつける力があり、「地」はご縁をより強固にする力があります。そのため、「風」の属性の人ならば関係性が深い「水」の属性の神社に、「火」の属性の人ならば「地」の属性の神社にお参りするのもよいでしょう。

相性のよい属性の
神社にお参りしよう！

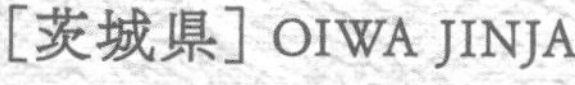

［茨城県］OIWA JINJA

御岩神社

縄文時代から祭祀が行われており、古来より神々が棲む聖地とされています。国常立尊や縁結びの神様・大国主命（おおくにぬしのみこと）、伊邪那岐尊（いざなぎのみこと）・伊邪那美尊（いざなみのみこと）の夫婦神ほか22柱の神様を祀ります。明治時代以前は、神様と仏様を同じと考えられていました。御岩神社ではこの神仏習合の信仰が色濃く残り、「神仏を祀る唯一の社」ともいわれ、信仰されています。「地」の属性の神様で、ご縁をより強く結びつけてくださいます。

DATA
鎮座地▶茨城県日立市入四間町752
HP▶http://www.oiwajinja.jp

［神奈川県］ENOSHIMA JINJA

江島神社

日本三大弁財天を奉る「水」の属性の神社です。５つの頭を持つ龍を諭した天女（弁天様）が祀られています。弁天様は美の神様であり、恋愛運にとくにご利益があります。

DATA

鎮座地▶神奈川県藤沢市江の島2-3-8
HP▶http://enoshimajinja.or.jp

［神奈川県］MORITO JINJA

森戸神社

山の神様・大山祇命と、海の神様・事代主命をお祀りし、「地」と「水」の属性の神社です。葉山の海を臨み、清々しい気に満ちています。子宝・夫婦円満など家庭運を向上させます。

DATA

鎮座地▶神奈川県三浦郡葉山町堀内1025
HP▶https://www.moritojinja.jp

［栃木県］NIKKO FUTARASAN JINJA

日光二荒山神社

縁結びの大己貴命と弁天様である田心姫命、二人の子の味耜高彦根命を祀る「地」と「水」の属性の神社です。霊峰・男体山のパワーが満ちています。別宮の滝尾神社もおすすめ。

DATA

鎮座地▶栃木県日光市山内2307
HP▶http://www.futarasan.jp

［神奈川県］SAMUKAWA JINJA

寒川神社

日本最大のレイライン「御来光の道」にある「地」の属性の神社。「日本で唯一の八方除けの神社」ともいわれ、方位や日柄などのあらゆる厄を祓い、人間関係を円滑に結んでいただけます。

DATA

鎮座地▶神奈川県高座郡寒川町宮山3916
HP▶http://samukawajinjya.jp

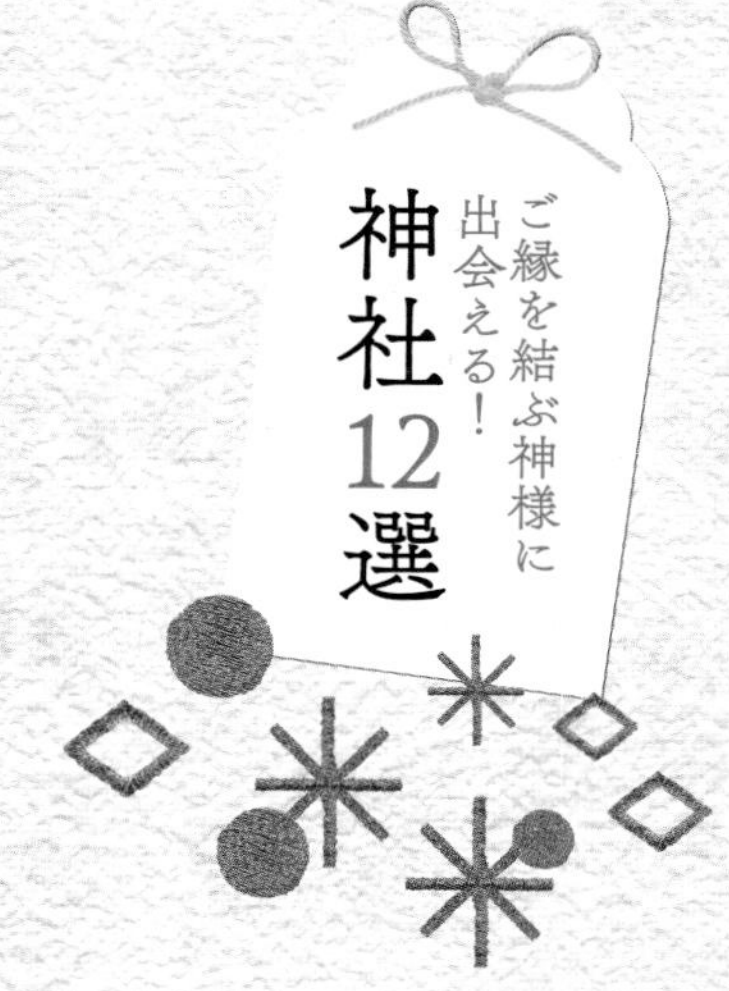

[三重県]
TSUKIYOMI NO MIYA

月読宮

ご祭神は、天照大神の弟である月読尊で、「水」の属性の神社です。月は古来より女性の象徴とされ、女性の恋愛運、安産・子宝、夫婦円満などのご利益があります。

DATA
鎮座地▶三重県伊勢市中村町742-1
HP▶https://www.isejingu.or.jp/about/outerbetsugu

[京都府] FUSHUMI INARI TAISHA

伏見稲荷大社

全国にあるお稲荷さんの総本社で、「地」の属性の神様を祀ります。境内の行燈には、十二星座が描かれています。有名な千本鳥居は「願いが通る」とされ、ご縁を結んでいただけます。

DATA
鎮座地▶京都府京都市伏見区深草藪之内町68
HP▶http://inari.jp

[京都府] KIFUNE JINJA

貴船神社

火の神から生まれた水の神のほか、美や縁結びの女神４柱を祀る神社です。和泉式部が祈願して夫婦関係を改善したことから、恋愛運や復縁、人間関係の改善にご利益があります。

DATA
鎮座地▶京都府京都市左京区鞍馬貴船町180
HP▶https://kifunejinja.jp

［福島県］ISASUMI JINJA

伊佐須美神社

古代の将軍である、父・大毘古命とその子・建沼河別命が再会した地に創建された「地」の属性の神社です。復縁や、連絡を取らなくなった人間関係の回復などにご利益があります。

DATA
鎮座地 ▶ 福島県大沼郡会津美里町宮林甲4377
HP ▶ http://isasumi.or.jp

［埼玉県］TSUKI JINJA

調神社

天照大御神、豊宇気姫命、素盞嗚尊を祀る「地」と「風」の属性の神社です。月信仰が残り、境内の狛犬はかわいらしい兎です。女性の恋愛運・人間関係にご利益があります。

DATA
鎮座地 ▶ 埼玉県さいたま市浦和区岸町3
HP ▶ https://www.stib.jp/info/data/tsuki.html

［広島県］ITSUKUSHIMA JINJA

厳島神社

海の女神である宗像三神（弁天様）を祀る「水」の属性の神社です。鎮座地の宮島はご神体とされたため、社殿が水上に建てられました。恋愛運を向上し、人間関係をスムーズにしてくれます。

DATA
鎮座地 ▶ 広島県廿日市市宮島町1-1
HP ▶ http://www.itsukushimajinja.jp

［福岡県］HOUMANGU KAMADO JINJA

宝満宮竈門神社

太宰府の鬼門を守護する「地」の属性の神社です。古代の巫女を神格化した玉依姫命を祀り、魂と霊を引き寄せ、恋愛運の向上、縁結びにご利益があります。

DATA
鎮座地 ▶ 福岡県太宰府市内山883
HP ▶ https://kamadojinja.or.jp

あなたの本質と運勢リズムを探る

輝翔(きしょう)運命暦(うんめいごよみ)を使って開運を導く！

誰でも生まれながらの本質を発揮することで、自然と幸せな人生を送れるようになります。自分の本質を示す守護宮(しゅごきゅう)を把握し、人生のリズムをとらえながら、運命の波に乗りましょう！

出来事に対して前向きに対処できる

吉を呼ぶ行動の後押しになる

人生のリズムを摑める

自分の本質を理解できる

今の生き方で本当に大丈夫？開運行動の答え合わせを！

岩波れいみん
Raymin Iwanami

開運占術家。長年の鑑定と研究を経て運命学とスピリチュアルを融合した新占術を確立。個人鑑定のほか、体験セミナーやオンライン占いスクールを主宰している。詳細はHP（raymin.jp）とインスタグラム（@reimin_iwanami）で。

輝翔運命暦は自分の本質を知り、運命のリズムに合わせて発揮することで幸せな人生を送れるようになる開運学です。せっかく開運行動をするなら、自分の本質や運勢リズムに合わせて行動することが大切です。例えば運気が低迷する冬の時期も、思考停止せず、心身のメンテナンスをするなど工夫してください。とくにトラブルには迅速・的確に対処を。

暦を意識して動き続ければ、運命の免疫力がアップ、幸運体質になります。家族など身近な人の本質やリズムも知っておくと、相手を客観的に理解でき、自立に繋がったり、相手との関係性を前向きにとらえられるようになります。

自分の守護宮を見つけよう

まずは生まれた年と月から簡単に割り出せる自分の守護宮を見つけ、
それぞれ春夏秋冬……と巡る運勢のリズムを知りましょう。

生年・月数表

西暦	1月	2月	3月	4月	5月	6月	7月	8月	9月	10月	11月	12月
1959	19	50	18	49	19	50	20	51	22	52	23	53
1960	24	55	24	55	25	56	26	57	28	58	29	59
1961	30	1	29	0	30	1	31	2	33	3	34	4
1962	35	6	34	5	35	6	36	7	38	8	39	9
1963	40	11	39	10	40	11	41	12	43	13	44	14
1964	45	16	45	16	46	17	47	18	49	19	50	20
1965	51	22	50	21	51	22	52	23	54	24	55	25
1966	56	27	55	26	56	27	57	28	59	29	0	30
1967	1	32	0	31	1	32	2	33	4	34	5	35
1968	6	37	6	37	7	38	8	39	10	40	11	41
1969	12	43	11	42	12	43	13	44	15	45	16	46
1970	17	48	16	47	17	48	18	49	20	50	21	51
1971	22	53	21	52	22	53	23	54	25	55	26	56
1972	27	58	27	58	28	59	29	0	31	1	32	2
1973	33	4	32	3	33	4	34	5	36	6	37	7
1974	38	9	37	8	38	9	39	10	41	11	42	12
1975	43	14	42	13	43	14	44	15	46	16	47	17
1976	48	19	48	19	49	20	50	21	52	22	53	23
1977	54	25	53	24	54	25	55	26	57	27	58	28
1978	59	30	58	29	59	30	0	31	2	32	3	33
1979	4	35	3	34	4	35	5	36	7	37	8	38
1980	9	40	9	40	10	41	11	42	13	43	14	44
1981	15	46	14	45	15	46	16	47	18	48	19	49
1982	20	51	19	50	20	51	21	52	23	53	24	54
1983	25	56	24	55	25	56	26	57	28	58	29	59
1984	30	1	30	1	31	2	32	3	34	4	35	5
1985	36	7	35	6	36	7	37	8	39	9	40	10
1986	41	12	40	11	41	12	42	13	44	14	45	15
1987	46	17	45	16	46	17	47	18	49	19	50	20
1988	51	22	51	22	52	23	53	24	55	25	56	26
1989	57	28	56	27	57	28	58	29	0	30	1	31
1990	2	33	1	32	2	33	3	34	5	35	6	36
1991	7	38	6	37	7	38	8	39	10	40	11	41
1992	12	43	12	43	13	44	14	45	16	46	17	47
1993	18	49	17	48	18	49	19	50	21	51	22	52
1994	23	54	22	53	23	54	24	55	26	56	27	57
1995	28	59	27	58	28	59	29	0	31	1	32	2
1996	33	4	33	4	34	5	35	6	37	7	38	8
1997	39	10	38	9	39	10	40	11	42	12	43	13
1998	44	15	43	14	44	15	45	16	47	17	48	18
1999	49	20	48	19	49	20	50	21	52	22	53	23

運命数と守護宮表

運命数	生まれた年（西暦）	守護宮	変容期（年）
1～10	奇数年	黄蘗宮	2031年
	偶数年	桜宮	2030年
11～20	奇数年	萌黄宮	2029年
	偶数年	常磐宮	2028年
21～30	奇数年	浅葱宮	2027年
	偶数年	露草宮	2026年
31～40	奇数年	紫紺宮	2025年
	偶数年	菫宮	2024年
41～50	奇数年	黄金宮	2023年
	偶数年	檜皮宮	2022年
51～60	奇数年	牡丹宮	2021年
	偶数年	紅宮	2031年

1 生年・月から、自分の数字を知る

左の「生年・月数表」から、自分が生まれた年と生まれた月が交差するところの数字を見ます。1974年11月４日生まれなら、42となります。

2 1の数字＋生まれた日＝運命数を出す

1で出た数字に、自分の生まれた日を加えます。上の例なら、42に生まれた日の４を足した合計の数字は「46」で、それが運命数です。61以上になった場合は、そこから「60」を引いた数字が運命数です。

例）1974年11月４日生まれの人の場合

表Ａの数字		生まれた日		運命数
42	＋	4	＝	46

3 運命数から自分の〝守護宮〟を知る

2で出した運命数から、左下の「運命数と守護宮表」で自分の守護宮を調べましょう。例の場合、運命数「46」は41～50に含まれ、生まれ年の1974年は偶数年なので、守護宮は「檜皮宮」になります。

4 運命のリズムを知る

12の守護宮ごとに12年で１サイクルの運命暦が巡ります。暦は大きく四季に分けられ、春は初春、仲春、晩春といった具合にそれぞれ３段階に分かれます。四季をとらえた上で、12の時期に合った過ごし方をすれば、運勢は上昇。中でも運命の切り替えとなる変容期＝真冬を含む冬の３年間に自分と向き合い、これまでの生き方や考え方を振り返り、執着を手放すと、次の12年の新しいサイクルが大きく好転します。

春	新風期	初春。心機一転で未来の希望を感じる時期。未経験の新しい流れが生まれそう。
	挑戦期	仲春。出会いや経験を積むことで、可能性が広がります。失敗を恐れず行動を。
	自律期	晩春。過去の常識や他者の価値観に揺らがず、自分で判断＆決断しましょう。
夏	内観期	初夏。ストレスで疲労が溜まりそう。休養し、焦りの原因は何かを内観して。
	具現期	仲夏。行動力がみなぎります。起きることはすべて自分の思考の具現化です。
	浮遊期	晩夏。飽きやけだるさを感じがち。過去の自分を卒業したくなっても焦らずに。
秋	継続期	初秋。あらゆることが繰り返される時期。その意味を知ることが大切です。
	財宝期	仲秋。過去の生き方が成果として表れ、金銭面によい動きがあり仕事も活性化。
	感謝期	晩秋。収穫の時期を終え、あらゆることや人に感謝すれば、さらに開運します。
冬	調和期	初冬。運勢が徐々に停滞していきます。自己流よりも他者との調和を意識して。
	変容期	仲冬。真冬の運気。人と対話をすることで本当の自分に気づき、変容できます。
	浄化期	晩冬。執着を手放すことで、どんどん身軽になります。不要なものを見極めて。

紅宮

くれない　きゅう

[2021～32年の運命暦]

2032年 変容期
2021年 浄化期
2022年 新風期
2023年 挑戦期
2024年 自律期
2025年 内観期
2026年 具現期
2027年 浮遊期
2028年 継続期
2029年 財宝期
2030年 感謝期
2031年 調和期

◉2021年

気がかりなことがあれば、年末までに解消するための行動を。言いにくいことも、解決のために伝えて。おだやかに、事実を淡々と伝えて話し合うことが、来年の開運に繋がります。

◉2022年

前年のうちに問題事を解決できた人は、すっきりした気分で人間関係を広げられます。モヤモヤしている人は、転職、引越しなど心機一転できるような変化を起こすと運が開けます。

◉2023年

新しい環境に慣れ、わずらわしい問題事からも解放されて、家族や友達との楽しい時間を過ごせそう。お金は出ていく機会が多いのですが、自分のための投資なら、惜しまないように。

紅宮のあなたへの開運メッセージ

心配性や、疑心暗鬼はよくありません。心が疲れたときは、キャンドルや間接照明を点けたり、焚き火の動画を眺めたりすると、リラックスできるはず。

明るく楽しむ姿勢が吉を呼ぶ

周囲をパッと明るくするような華やかさがありますが、実は目標を定めると、寝る間も惜しんで作業や勉強に励む努力家でもあります。その原動力は、みんなをあっと驚かせたい気持ち。「頑張ればナンバーワンになれる」と思うと強くなれます。ただし長い間窮屈な環境にいた人は、本来の自分のよさに気づかないことも。楽しそうな人を心から祝福できないときは、考え方や行動を変えるチャンス。自分もみんなも持っている「注目されたい」という気持ちを認め、明るく過ごしていれば、人生がどんどん輝き始めます。

牡丹宮

ぼ　たん　きゅう

[2021～32年の運命暦]

2021年 変容期
2022年 浄化期
2023年 新風期
2024年 挑戦期
2025年 自律期
2026年 内観期
2027年 具現期
2028年 浮遊期
2029年 継続期
2030年 財宝期
2031年 感謝期
2032年 調和期

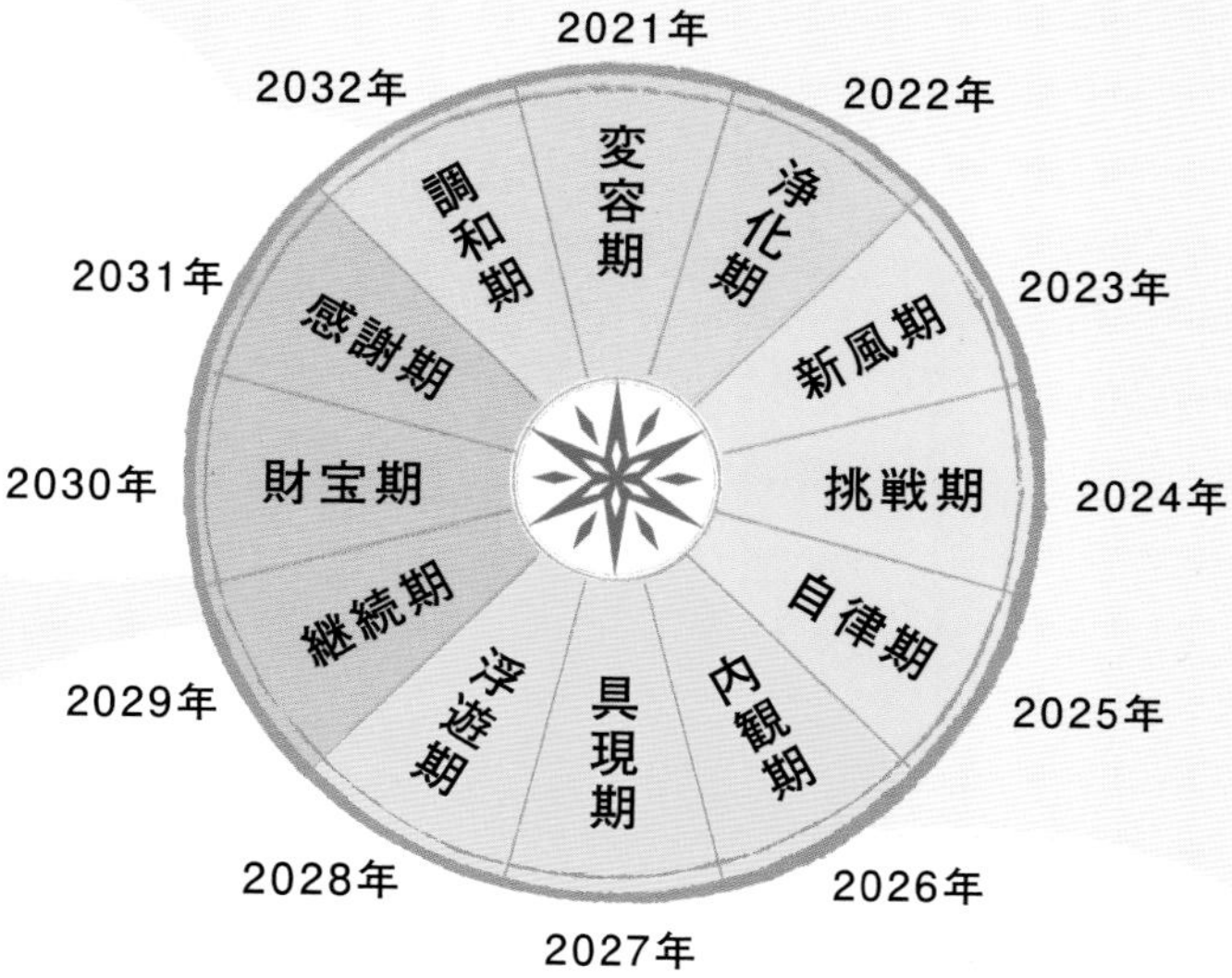

◉2021年

自分自身のエゴや、心の課題と向き合わざるを得なくなる時期。今はしんどくても、乗り越えることで必ずいい方向に向かうと信じて、やけを起こさず、弱点を克服していきましょう。

◉2022年

環境が変わっていくとき。とくに家族のことで振り回されがちですが、その場合は運気のリズムに乗れているということでもあります。親身になって考えてあげることで運気が上がります。

◉2023年

バタバタしていた問題が落ち着き、気持ちがおだやかに。時間的にも余裕ができるので、久しぶりにおしゃれをしたいと感じる人も多いはず。無理のない範囲でお金をかけると吉です。

牡丹宮のあなたへの開運メッセージ

リラックスできる空間と、夢を語るのが好きな仲間を持つこと。この３年間は、ふわふわした考えを表に出すと周囲から注意されがちなので、心の中や仲間内だけで楽しく話して。

自分の魅力を磨くことでより豊かに

いつもにこやかで品がよく、ソフトな感じの人。ガツガツしていないのに、なぜかいつも中心的な位置にいる印象ですが、実は意外なほどに目立ちたがりで負けず嫌いな面も。注目されているのは、自分を美しく見せるふるまいを研究した結果だともいえます。相手の気持ちを敏感に察することもできるので、男女ともに笑わせ上手でしょう。ただし暗く貧しい環境に長年いると、自分の輝きが信じられず、掴めるはずの幸運を逃してしまうことも。とくにお金がないと感じているなら、暦のリズムを参考にしながら自分の言動や行動を変えましょう。

檜皮宮（ひわだきゅう）

冬の3年は周囲の期待に応じて吉

人より多少遅れても、安全で堅実な人生を送りたいと考えている人です。しっかりと計画を立てて実行できるので、目上の人から信頼されます。若いうちは地味な感じですが、年を重ねるうちに美しさと色気がアップ。檜皮宮で、思いついたら即行動する人は、忙しいのにお金が残らなかったり、稼いでも不安が強いでしょう。他者の事例をふまえて安全なものだけを自分に取り入れたい檜皮宮の人にとっては、人の入れ替わりが激しかったり短期決戦的な仕事だと、ペースが合わず悩みが増えることも。その場合は暦を使って檜皮宮らしい生き方を取り戻して。

［2021～32年の運命暦］

2021年 調和期
2022年 変容期
2023年 浄化期
2024年 新風期
2025年 挑戦期
2026年 自律期
2027年 内観期
2028年 具現期
2029年 浮遊期
2030年 継続期
2031年 財宝期
2032年 感謝期

◉2021年

環境が急激に変わり、自分にとって慣れないことを求められるなどペースを崩さざるを得ないことも多いはず。しんどくても長い目で見れば自分の糧になるので、逃げずに取り組むと吉です。

◉2022年

前年は戸惑いを感じていたことにもようやく慣れて、淡々とこなせるようになるでしょう。やるべきことをきちんとこなすことで運気は安定。気持ちに余裕が生まれたり、評価される人も。

◉2023年

苦手な環境や人間関係が自然となくなります。大変すぎて手がつけられなかった困り事も少しずつ改善していくはず。まだ変えたいことがあれば、我慢せず、周囲におだやかに伝えて。

檜皮宮のあなたへの開運メッセージ

相手を思い通りに動かそうとすると、疲れてしまいます。想定外の事態にも寛大に対処する意識を持つと、楽になるでしょう。楽しいことをして笑いでストレスを解消しましょう！

黄金宮（こがねきゅう）

自分も相手も自由でよしとすること

気配りがうまく優しいため、いろいろなタイプの人と仲良くなれます。今日は美術鑑賞、明日はグルメ、困ったときにはこの人に相談……と、ＴＰＯに合わせた友人や選択肢を持つことに喜びを感じます。本物や上質なものが好きで、抜群のセンスでよいものを選別できるはず。自分自身も自由な割に、自由奔放な人がいるとブレーキをかけたくなる傾向も。お互い自由でよしとすることを意識することが、新しい時代に開運するポイントとなります。「こんなことをいったら嫌われるのでは」と自分を偽らず、愛と調和を意識しながら、本音を話すことも大切です。

［2021～32年の運命暦］

◉2021年

人間関係に感謝し、ささやかでもいいのでお返しを。情報を周囲に惜しみなく伝えることも開運に。「ありがとう」といわれる回数が増えるほど来年からの冬の時代の助けに。貯金も必須。

◉2022年

急な体調変化や突発的な困り事が起きたら、周囲の人に相談を。我慢や強気は禁物です。思い通りにならないことには逆切れせず、相手の事情を聞いて冷静に対処を。

◉2023年

前年の変化に対して早めに手を打った人は、おだやかに過ごせるでしょう。前年にさほど困ったことがなかった場合は現状維持を意識し、大きな変化は望まないことです。

黄金宮のあなたへの開運メッセージ

八方美人になりすぎて疲れやすい傾向にあります。しんどいと感じたときは、手段が目的になっていないかを点検。本当の目的を確かめ、そこに向かって行動するとよいでしょう。

菫宮（すみれきゅう）

持ち前の公平さや行動力を大切に

正義感が強く、困っている人を見ると、反射的に行動できる人。意外と傷つきやすく、強いキャラを演じることで、心を守っている場合も。庶民派ですがプライドは高く、気さくな成功者は好きですが、上から目線の偉そうな人は嫌いかも。損得を考えず、純粋に人を助けたいと考えているので、グループの代表に推されることも。これからは変化についていけず困る人たちが増えるので、菫宮の人の公平さや行動力が重宝されるはず。自分より家族や他人にお金を使いがちですが、甘やかしすぎないで。悩みは１人で抱え込まず、人に相談すると救われます。

［2021～32年の運命暦］

◉2021年

仕事でチャンスがたくさん訪れそう。お金も集まりますが、周囲にいい顔をしすぎると損することも。与えすぎる傾向があるので、プライベートを犠牲にするほど奉仕しすぎないことです。

◉2022年

経済状況や人間関係が充実し、幸せを感じるとき。来年からの冬に備え、人におごるなら端数だけにするなどセーブを。今年中に周りの人に対して信頼できるかそうでないかを見極めて。

◉2023年

冬の１年目。急な病気やトラブルの際は、信頼できる人や経験者に話を聞いてもらいましょう。すぐには解決しなくても、気持ちが安定するはず。我慢してストレスをため込まないで。

2024年 変容期
2025年 浄化期
2026年 新風期
2027年 挑戦期
2028年 自律期
2029年 内観期
2030年 具現期
2031年 浮遊期
2032年 継続期
2021年 財宝期
2022年 感謝期
2023年 調和期

菫宮のあなたへの開運メッセージ

忙しすぎてしんどいと感じたり、家のことにかまう時間がないと感じたら、人の世話や奉仕の活動をセーブしてみましょう。イライラして周囲に当たらないように注意。

紫紺宮（しこんきゅう）

愛から行動すると周囲に認められる

情を重んじるタイプで、愛し愛されたい気持ちが強い人です。人だけでなく、生き物や植物などあらゆる存在に愛情を注げるでしょう。人の世話を焼く傾向にありますが、相手からの感謝が感じられないとイライラすることも。もし裏切られることが多いと感じているなら、人のために何かするときに、実は「自分を気にかけてほしい」という気持ちが目的になってしまっていないかをよく考えてみて。また相手から頼まれたときだけ手伝うようにしましょう。不安ではなく愛をベースに行動することで、やがて多くの人から愛され助けてもらえるでしょう。

［2021～32年の運命暦］

◉2021年

昔からの知り合いとの交流が活発に。２度目、３度目のチャンスを満喫しましょう。友達を紹介し合うなど、そこから次の展開を広げていくと、来年からの金運アップに繋がります。

◉2022年

ほうっておいてもさまざまな依頼が舞い込んできそう。活躍の場がぐんと広がり、忙しくなりますが、乗り越えることで運気も発展していくでしょう。お金も入るので充実感を感じるはず。

◉2023年

今までやってきたことを評価されたり、メディアに登場するなど、名誉に感じる機会が増える年。思わず「みなさんのおかげです」といいたくなるような出来事が待っているでしょう。

紫紺宮のあなたへの開運メッセージ

仕事やプライベートでたくさんの誘いがあるときですが、専門外のことや実績のないことに首をつっ込むと、迷惑をかけてしまいそう。確実にこなせることだけをしましょう。

露草宮（つゆくさきゅう）

1人で過ごす時間を大切に

親や家族を大切にし、いつも離れたところからそっと見守るような優しさを持っています。どんなときでも冷静で、目立ちたいという願望はあまりないタイプ。人が少なく静かな世界で黙々と働いたり、精神や体を鍛えることに喜びを感じるかもしれません。パーティーのような華やかな場所や、初対面の人と調子よく話すようなことは苦手。仕事と割り切ってそのようにふるまっている人は、プライベートでは１人で静かに過ごす時間や空間を大切にしてください。緻密さや計画性が必要な仕事が得意で、日中よりも深夜や早朝のほうがやる気が出るでしょう。

［2021～32年の運命暦］

2026年 変容期
2027年 浄化期
2028年 新風期
2029年 挑戦期
2030年 自律期
2031年 内観期
2032年 具現期
2021年 浮遊期
2022年 継続期
2023年 財宝期
2024年 感謝期
2025年 調和期

◉2021年

前半はだるくて調子が出なかった人も、やっと意欲が復活しそう。焦らなくてもよいので、来年に何をしたいのかを計画し、必要なら勉強を。投資など大きくお金を動かすことは避けけて。

◉2022年

疎遠だった友達から連絡がきたり、久しぶりの仕事仲間から抜擢されるなど、忘れていたご縁が復活しそう。自分が信頼されている証拠だと思って自信を持ち、相手に感謝しましょう。

◉2023年

前年の波に乗ってがんばってきた人は給与やボーナスが上がり、お金に困ることがなくなるでしょう。昇進したり、実績が認められたりなど、うれしい出来事も増えそう。

露草宮のあなたへの開運メッセージ

小さな世界にこだわって、物事に批判的になっていませんか。海辺や高台から広い景色を眺め、自然の風を感じることで、ネガティブな気分が消えていくでしょう。

浅葱宮（あさぎきゅう）

義務感を手放し時代の波に乗る

心身ともにタフで、一度決めたらどんな困難に遭っても信念を貫く強さを持っています。調子よくふるまうことは苦手なので、最初のうちは無愛想な人だと思われることもありますが、一度心を開くと誠実さが理解され、信頼されるようになります。勉強が好きで賢いのですが、努力をしても報われないと感じているなら、時代の波に乗れていないのかもしれません。「人生は苦しいもの」「お金は苦労しないと手に入らない」と思っていると、そういう現実を引き寄せることになります。「～しなくては」という義務感を手放せば、楽しく軽やかに生きられます。

［2021～32年の運命暦］

2027年 変容期
2028年 浄化期
2029年 新風期
2030年 挑戦期
2031年 自律期
2032年 内観期
2021年 具現期
2022年 浮遊期
2023年 継続期
2024年 財宝期
2025年 感謝期
2026年 調和期

◉2021年

今までになくリラックスして人付き合いができ、自分に自信が持てるでしょう。相談されたときは、相手を批判したり、上から目線でアドバイスするのではなく、やさしく助言してあげて。

◉2022年

表情がやわらい、優しい雰囲気をまとえる年。冗談をいって人を笑わせることを意識すると、自然と人間関係も良好に。この年に覚えた人付き合いの仕方を身につけると、より開運します。

◉2023年

前年に身につけた優しい雰囲気と、持ち前の芯の強さを両方出せるといいですね。普段はやわらかなものごしで、いざというときはしっかりと意見をいえると、金運も人間関係運もアップ。

浅葱宮のあなたへの開運メッセージ

明るい表情が開運のカギに。鏡を見る習慣をつけましょう。眉間の力を抜いて、口角を上げて、笑顔の練習を。美容院でトリートメントをしてもらうのもおすすめです。

常磐宮（ときわきゅう）

[2021～32年の運命暦]

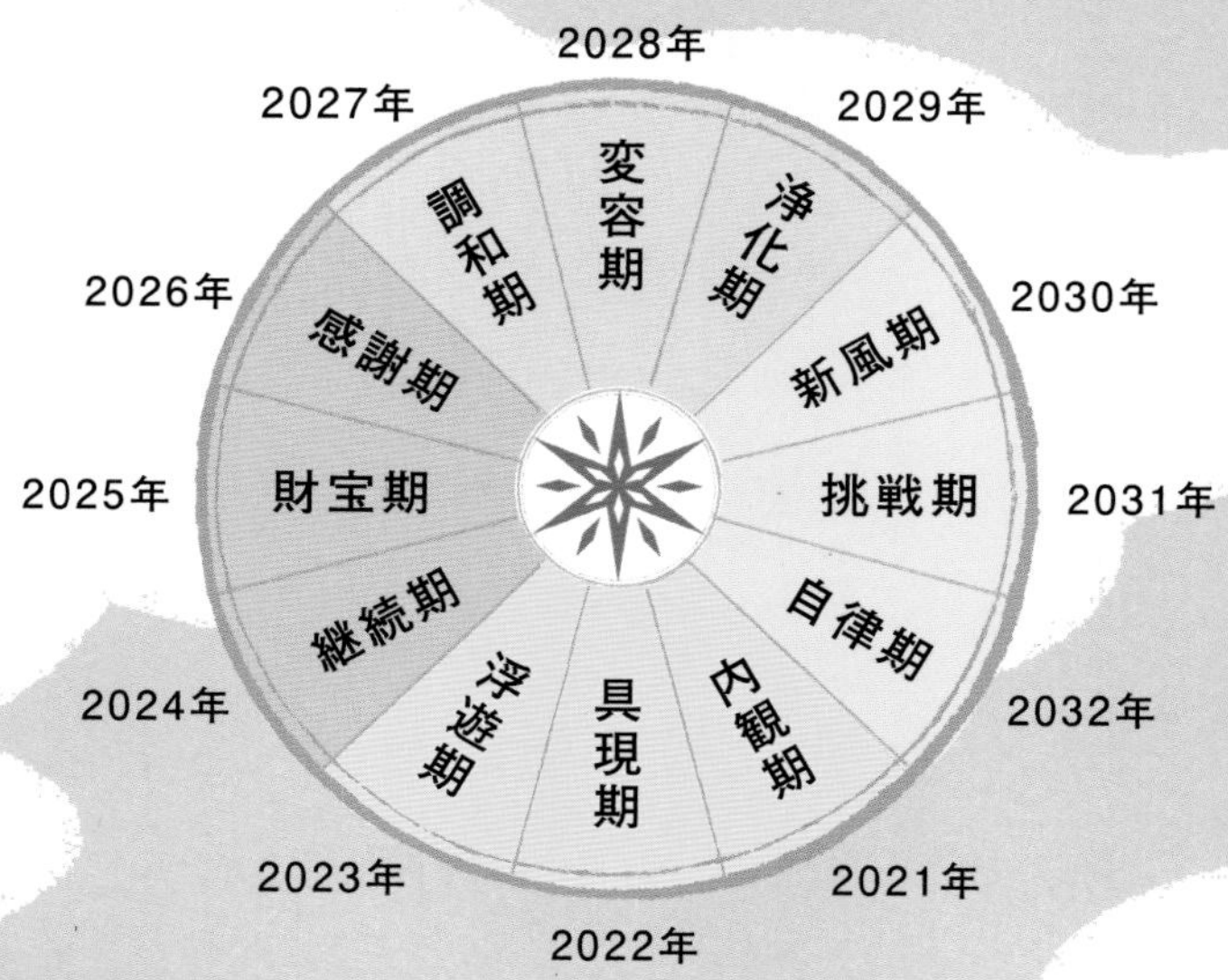

◉2021年

体調不良からメンタル的にしんどさを感じる人も。家族や周囲の人に八つ当たりしているという自覚があったら、早めに謝って。信頼回復のために動いた人は、来年から開運していきます。

◉2022年

健康運がよくなり、本領発揮できる年です。目立ったり、笑いをとるなど、本来の人気者気質が出てくるでしょう。やりたいことがあれば、この年からが本番だと思って準備しておいて。

◉2023年

前年からの人気運が継続していきます。運気がよいことにあぐらをかかず、周囲の人を大切にしましょう。調子に乗ると、金運にも影響してくるので、うますぎる話には乗らないように。

常磐宮のあなたへの開運メッセージ

イライラ、モヤモヤするときは、手芸や料理、切り絵など、短時間で見栄えがするものを製作してみましょう。細かい作業に少しでも集中することで、ストレス解消します！

自力で稼ぐことで自由を謳歌できる

知的好奇心が旺盛で、決断や行動が早く、新しい世界にも果敢にチャレンジしていける人です。サバサバした性格と、華やかな行動で人気者になる人も多いでしょう。ただし景気よくお金を使うことが好きなので、たくさん稼いでいても、貯金がほとんどないことも。これからの時代は、あって当たり前だったものや古いシステムが一瞬にして消えてしまうので、親の資産や収入に頼って生活している人は、生き方を変えたほうがいいでしょう。もともと稼ぐ力はあるので、自動的に貯金できるしくみを作っておけば、これからも幸せな自由人でいられます。

萌黄宮（もえぎきゅう）

[2021～32年の運命暦]

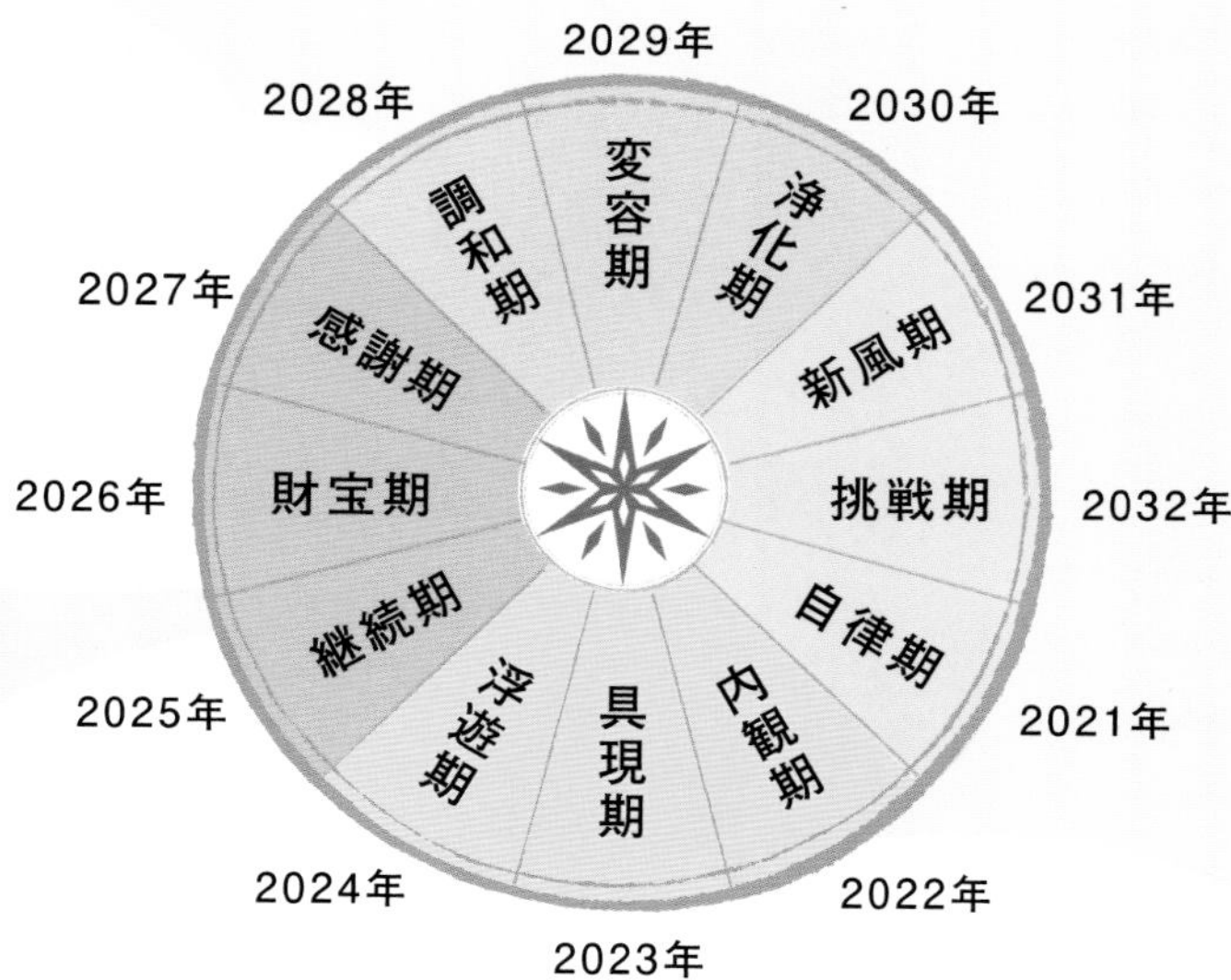

◉2021年

人生の方針を決めたいとき。これからの目標や、どうありたいかを自分自身で考えましょう。萌黄宮の人は決断しても行動が続きにくいので、あえて人に宣言したり、紙に書いたりしてみて。

◉2022年

前年にちゃんと目標を決めて行動を始めた人は、金運がアップしそう。面倒ごとを放置してしまった人は、それが原因でトラブルが生じるかも。早めに誠実にフォローしましょう。

◉2023年

仕事や特技で大抜擢される予感。続けてきたことに対して、誇りを感じられるでしょう。本来はお金がかかるところに無料で招待されるなど、ラッキーで楽しい誘いも増えそうです。

萌黄宮のあなたへの開運メッセージ

はっきりいわなくては……と力んで、自分本意に言葉を発すると失言に。まずは紙に書き出して、思いを整理してから誠実に本音を伝えるようにすれば、角が立ちません。

ときにはノーということも大切

人当たりがよく、初対面の人とも仲良くなれるタイプです。相手を気分よくさせる会話ができるため、よくモテますが、束縛されるのは苦手。いきなり好意を寄せられて、逃げ出したくなることもあるかも。はっきりとノーがいえない人も多いのですが、これからの時代は、本心と違う言葉を口にしていると、生きることが苦しくなってしまいます。いうべきことがいえない傾向があるなら、その根底にある自分の不安に目を向け、手放していくことです。考え方が柔軟で直感力にすぐれている萌黄宮の人は、コツさえ摑めばどんどん変わっていけるはず。

桜宮（さくらきゅう）

速度をゆるめれば理想の世界に進む

ワンランク上の世界への憧れが強く、1を聞いて10を知るような理解力があります。感覚が鋭く頭の回転も速いため、相手のいいたいことを察知したり、ある程度未来を予測することも得意。ほかの人がなかなか決断できなかったり、人に相談してから決めるようなことも、瞬時に決断できます。持って生まれた高貴な雰囲気やプライドの高さが裏目に出ると、「1人で勝手に決めてしまう」「説明が足りない」と思われてしまうことも。おどけてごまかそうとせず、周囲とスピードを合わせることで、独自の才能が花開き、望む世界にランクアップできます。

[2021～32年の運命暦]

2021年	挑戦期
2022年	自律期
2023年	内観期
2024年	具現期
2025年	浮遊期
2026年	継続期
2027年	財宝期
2028年	感謝期
2029年	調和期
2030年	変容期
2031年	浄化期
2032年	新風期

◉2021年

人間関係が広がり、楽しい出来事が増えそう。もっと仲良くなりたい人がいるなら、何事もイエス／ノーを急がないこと。ペースを落としてじっくり付き合うことで、長続きする関係に。

◉2022年

前年で広がった人間関係の中からこれからも続けたい関係をより大切にしたいとき。それほど出会いがなかった人も焦らなくて大丈夫。ゆっくり、丁寧に人間関係を築く意識を持ちましょう。

◉2023年

せっかちな桜宮さんがさらに焦りがちに。周囲と比較して落ち込むときは、自分のペースでできる趣味を見つけてみて。波動のいい場所に行く、心身ともに健康な人と会うのもおすすめ。

桜宮のあなたへの開運メッセージ

何事も一回ですべてを済ませようとしない意識を持ちましょう。相手に頼み事があるときや誘いたいときは、すぐに返事を急がず、何度かやりとりしながら説明しましょう。

黄蘗宮（きはだきゅう）

自分が満足する生き方を選択

清潔感があり、礼儀正しく育ちのよさそうな雰囲気を持っています。庶民的な環境で育った場合でも、素直な性格で目上の人から好かれ、上質な体験に恵まれるでしょう。完璧主義で、「よい子」であろうとし、他人にほめられたい気持ちから努力し続けることができますが、これからの時代は他人軸より自分軸で喜びを感じる生き方をしたほうが開運します。お金には困っていなくても、もしも心に穴が空いたような違和感を感じていたら、自己犠牲的な生き方をしていないかを確認してみて。暦も使いながら、自分の心が満たせる人生に変えていきましょう。

[2021～32年の運命暦]

2021年	新風期
2022年	挑戦期
2023年	自律期
2024年	内観期
2025年	具現期
2026年	浮遊期
2027年	継続期
2028年	財宝期
2029年	感謝期
2030年	調和期
2031年	変容期
2032年	浄化期

◉2021年

自分の欠点や弱点ばかり見つめずに、自分ができることに注目し、自己肯定感を上げたいとき。人からの評価も素直に受け止めましょう。自己PRの練習をしておくと来年から開運します。

◉2022年

自信を持って行動する人は、人間関係が広がります。交際費が気になりますが、持ち前のセンスでリーズナブルな店やサービスを見つけることで、お金をかけずに上質な体験ができます。

◉2023年

前年の人間関係や体験の中から、自分にとって本当に心地いいものを選びましょう。センスに合わない人との交流や体験をだらだら続けるのはやめ、自分の世界観を大切にしてください。

黄蘗宮のあなたへの開運メッセージ

過去の出来事に囚われがち。過ぎたことを思い出してうじうじ悩むときは、肩をぐるぐる回したり、その場でジャンプしたり、簡単なストレッチを行うと気分がスッキリします。

新時代のスピリチュアルで今すぐ幸せに！

ネオスピ時代に願いを全部叶える生き方

動画を通して発信する新時代の生き方や、〝常識〟に囚われずに行動する姿が共感を呼んでいる美湖さんが、自分らしく輝きながら、思い通りに生きていく方法を伝えます。

地球と人間のエネルギーがどんどん軽やかに！

今「願いが叶いやすい」とか「宇宙と繋がりやすくなっている」といわれていますが、それはなぜでしょう。

3つ理由があります。そもそも宇宙には「願えば叶う」という法則があるんですね。地球も宇宙の一部なので本来は同じなのですが、これまではネガティブなエネルギーが強くてその法則が実現しづらかったのです。でも今は地球のエネルギーがクリアになり、本来の願いが叶いやすい状態になっているといえます。

もうひとつは、私たち人間の意識の変化。宇宙の一部である地球のそのまた一部である私たちは、本来願いを叶えられる存在。望み通りの世界を作れる創造主ともいえます。今、地球のエネルギーがクリアになっていくことに比例し、私たちも本来の力を取り戻してきています。ここ数年でスピリチュアルに目覚めたり、宇宙意識を感じるようになったりした人は多いですよね。それは宇宙本来のポジティブなエネルギーと同調しやすくなっていることの表れです。

また西洋占星術的にも地球が「地の時代」から「風の時代」に変化しました。我慢や苦労をしながら願望を叶えていた時代は終わり、今は本音を出し、意識や想念で願いを叶える時代。それを私は「ネオスピ」の時代と呼んでいます。

美湖のネオスピ格言 1

「辛いときこそ、その裏にある願望に耳を傾けてみて！」

美湖のネオスピ格言 2

「夢は叶えるのではなく、選ぶもの！」

美湖

Miko

スピチューバー、シンガーソングライター。宇宙時代の新しいスピリチュアル「ネオスピ」の先駆者としてムーブメントを広げている。著書『ネオスピ!!!「今すぐ」幸せになれる新時代のスピリチュアル』(KADOKAWA)。

美湖のネオスピ格言3

「〝我慢〟や〝苦労〟より、〝本音〟で生きる時代！」

美湖のネオスピ格言4

「宇宙はオールOK！ 〝～すべき〟より、〝～したい！〟が叶う」

自分の本音に正直になり妥協はしないこと！

今の状況を変えたいと感じている人は、まずやってほしいことがあります。その裏側にある「こうなりたい！」という願望に目を向けてみてください。実はいやなことが起きているときこそ、本当の望みを知って、叶えるチャンスなんです！

自分が今思い描いている願いについて「それが本当に自分自身の望みなの？」と自分に問い直してみましょう。例えば「素敵な家に住みたい」という願いがあったとしても、人それぞれで感じる「素敵な家」は違います。他人の価値観とか常識に流されないで、自分自身がどうなりたいのか、何が欲しいのか感じ取ることが大切。自分だけは自分の本当の望みを知ってあげてくださいね。

私自身も、本音と願い事がずれてしまって、しんどい時期がありました。シンガーソングライターとして、魂のおもむくままに歌っていたときは人気が出たのですが、周囲の意見を気にし始めたとたんに調子が悪くなってしまったのです。また野外フェスを中心に活動しているバンドを組んでいたので「自分は自然好きであるべき」と思い込んでいたけど、心の底では辛かったことも。そのうち本音を見つめるようになり、実は自然よりも高層階やホテルのほうが好きだったことに気がついたりして（笑）、自分の本音に正直に行動し始めたら、願いがどんどん叶い出しました。

そのほかにもいろいろなことがあって、本音で生きていくことの大切さを実感し、それを伝えることをしよう！と魂に正直に願い、行動し始めたら、さらに思い通りに生きられるようになりました。

「ネオスピ」の時代は妥協しないことも大切です。本当はリッチな生活をしたいのに「私にはこれくらいが妥当」などと本音を出さずにいると、願いが宇宙に届きにくくなります。宇宙はオールOKの存在なので、自分で自分の本当の望みを受け止めて、許可すれば叶います。望む世界を自分で選べばいいだけです。今、地球は圧倒的な宇宙エネルギーの流れに乗っているし、願いを全部叶える生き方を実現している人も急増中。私達はみんなエネルギーで繋がってるから、あなたも絶対大丈夫！一歩踏み出してみて！

未来を思い通りにするための宇宙メッセージ

「オールOK」で願いを叶えてくれる
宇宙の意識と同調しながら、
思い通りに生きていくヒントをご紹介します！

本当の本音しか叶わない！

「これがいい！」「それ欲しい！」という感覚こそが、自分の本音であり、本当に叶えられるもの。叶えることを自分に許可して。

しっくりポイントを探す

願い事が大きすぎると思ったらハードルを下げて。「月収100万円に」→「＋５万円に」などしっくりするポイントを探しましょう。

「～したい」に理由はいらない！

なぜ理由づけをするのでしょう。私たちが本音で生きることを宇宙も喜びます。子どものように、無邪気に「こうしたい！」と感じて。

今幸せを感じれば、幸せが寄ってくる

願いが叶った自分が食べるもの、着る服、付き合う人などを想像し、実際に幸せを感じてみると、その通りの現実を引き寄せます。

ネガティブな出来事、実は妄想じゃない？

妄想で悩む人は多い。例えば友達のLINEがそっけないなら、嫌われているのではなく忙しいだけかも。妄想と気づけば悩みは解消！

気持ちよいときに願いを出して

入浴中など、気持ちよいと感じているときに、宇宙のエネルギーに同調します。そのときに願いを放つと叶いやすくなります！

お世辞は愛と思って受け入れて

ほめられたら謙遜したり否定せずに、「愛されている」と思って受け入れたほうが、宇宙エネルギーと同調しやすくなってお得です。

見た目でも自分を表現する

見た目を変えると簡単にエネルギーを上げられます。メイクやファッションも自分らしく変えてみましょう。自信がなければプロに頼ってもＯＫ。

執着したっていい罪悪感はいらない

執着する気持ちに罪悪感を持つ人は多いけれど、その気持ちを認めたほうが、自然なタイミングで手放せます。

本音を出したら行動することも大事

本音に気づいたら、それを叶えるための行動をすること。自分でやってもいいですし、人に頼むのも立派な行動。信じて甘えてみて。

悪口は「やりたいことを教えてくれる存在」

行動していると、悪口をいわれることもありますが、それでもやりたいか、やめるのかを見極め、本当の望みがわかるきっかけに。

嘘をつくのは悪いことではない

人を傷つける嘘はＮＧですが、気が進まない誘いを断るときなど、自分の心を守る嘘ならＯＫ。馬鹿正直に断って傷つかないように！

変わっている人ほど「かっこよい」と思われる

これからはますます個性の時代に。「変わっている」といわれるポイントほど自分の魅力になっていきます。自信を持って表現を。

世界を作る創造主であることを思い出す

繰り返しになりますが、私たちは本来望みが叶う世界を作れる創造主。願いが叶っていないなら、まだ本音を出せていないだけ！

自分をご神体として扱う

自分のエネルギーで現実は作られます。私たちは創造主でご神体。食べる物やケアなどを妥協せず、大切にすれば能力を発揮します。

今すぐできて、幸せになる！ラブ♡スピ♡リッチ・ワーク

宇宙と共同創造していくためのワークです。宇宙に応援されながら、愛を発して、ラブ・スピ・リッチな世界を創りましょう。毎日の習慣にしても！

宇宙は応援したくてウズウズしています！

これまでは、「苦労」ありきでの「幸せ」が常識でしたが、これからは「幸せ」から「もっと幸せ」になっていく時代です。

だから「～しなければ」という義務感や、願い事への理由づけはもう本当にいらないんですね。シンプルに「こうしたい！」という本音こそが叶う、もっといえば、もう本音しか叶わない時代にきているんです。自分に正直になればなるほど、幸せになれるはず。

望む世界を自分で選ぶ＝大変なこ

1 「宇宙と共同創造します」と意図する

すべては意図することから始まり、意図すると瞬時に宇宙は動き出します。まず「宇宙と共同創造していきます」という思いを放ちましょう。紙に書いてもＯＫ。

2 愛をベースにできることをする

この世界に愛を放つと、ラブ・スピ・リッチ（愛や豊かさ）が返ってきます。大げさなことではなく、家族に「おはよう」と笑顔であいさつしたり、可愛く美しくあろうとすることも愛です。

3 SNSを使って愛を表現してみる

ＳＮＳで愛を表現するのもおすすめ。誰かのためになる知識や気づきはもちろん、日常の喜びや自分の笑顔などでも。ときには怒りや涙の表現も、誰かの愛に繋がるかも。

とが絶対に起きない世界に行ける、というわけではないのです。

でも現実は自分のエネルギー次第なので「大変なことが起こっても、絶対に大丈夫な世界」を選択していけば、何があってもゆるがずにいられます。さらに宇宙はあなたを応援したくてウズウズしています！　宇宙のエネルギーは愛なので、この世界に愛を放つと、ラブ・スピ・リッチ（愛や豊かさ）が返ってきます。このワークを行うと宇宙からも応援され、絶対大丈夫な宇宙の流れに乗れますよ！

無理せず休むこと！

願いを叶えるために行動することは欠かせませんが、行動しすぎは禁物。仕事や遊びに加えて、休みの予定もしっかり入れましょう。

4 自分が心地よい時間を作る

お気に入りのカフェやお風呂、ふかふかの布団などの「マイパワースポット」を持ち、そこで心地よい時間を過ごすことで、宇宙とより共鳴します。

5 宇宙からの応援を見逃さない

例えばシンクロニシティ（偶然の一致）を感じる出来事に遭ったり、ゾロ目の数字を見たら、宇宙からの応援のサイン。「ただの偶然」と受け流さずに受け取って。

6 しっかり受け取って感謝する

偶然を感じる出来事に会うたびに、宇宙からの応援に感謝しましょう。その感謝のエネルギーでさらに宇宙と共鳴し、共同創造のエネルギーが強まっていきます。

運気は誰でも上げられる！

人生を劇的に変える「全捨離（ぜんしゃり）」実践法

運気はコントロールできないものではなく、誰でもいつでも技術によって上げることができます。その第一歩となる「全捨離」の実践方法を紹介します。

人生をコントロールする「環境」と「感情」

私は全捨離を多くの人に勧めています。全捨離とは、「あなたの家にある使わないモノ、使っていないモノを全部捨てなさい」ということです。でも誤解をしてほしくないのは、家の中のいらないモノを手放すと運気が上がる、ということではないのです。人生を幸福に導くために絶対にコントロールする必要があるものとして、「環境」と「感情」があります。この「環境」と「感情」が運気にとても大きな影響を与えます。

私たちが人生のうちで、どこで一番多く過ごすか、それは家です。あらゆるモノには波動があります。使わないモノには邪気が溜まり、マイナスのエネルギーを出します。家が汚部屋で、どんなに開運術をやってみたところで運気が上がるはずがないのです。

モノを手放したら運気が上がるのではなく、「環境」を整えることによって開運体質のスタートラインに立つことができます。運気というのはサプリメントと同じです。開運術を使って運気というサプリメントを取り入れようとしても、まず腸内環境が整っていなければ、サプリメントは体に吸収されません。ですから、まずは腸内環境を整えるためにデトックスをしなければなりません。

これは運気にもいえることです。運気を取り入れようとしても、運気の足を引っ張るモノがあったら運気が入ってくることができないのです。だからまず、「環境」を整えて運気を取り入れられる状態にする。そして、「感情」のコントロールによって運気を呼び込むのです。いくら運気を取り入れる努力をしても、取り入れられる環境が整っていなければ意味がないのです。

運気は「技術」で上げることができる

この「環境」を整えるために最も効果があるのが、「全捨離」です。運気は誰

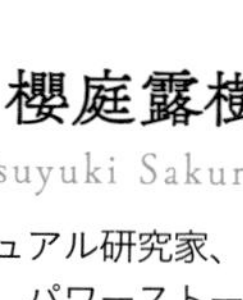

櫻庭露樹
Tsuyuki Sakuraba

スピリチュアル研究家、開運ユーチューバー、パワーストーンショップ「Ameri Stone」代表取締役。貧乏生活を余儀なくされながら高校を卒業後、料理人などさまざまな職業を経験する。36歳のときに小林正観氏と出会い、実践学を学ぶ。現在は、開運ユーチューバーとして「櫻庭露樹の運呼チャンネル」を開設、また全国各地で講演活動を行っている。主な著書に『全捨離したら人生すべてが好転する話』（フォレスト出版）、『トイレの神様に聞いたヒミツの開運法 運呼の法則』（クリエイトブックス）などがある。

実践！全捨離をしよう

Step1 ゴミ袋を100袋買う

まず必ずモノを捨てる決意として、ゴミ袋を100袋買いましょう。100袋は多いと感じるかもしれませんが、あなたが思っている以上に捨てるモノはたくさんあります。

Step2 使わないモノをすべて捨てる

左手にゴミ袋を持ち、右手をブルドーザーにして、８割のモノを捨てましょう。使わないモノ、使っていないモノを捨てましょう。迷ったときは「もったいないを取るか、運気を取るか」を考えて決めましょう。

Step3 残ったモノを収納する

残った２割のモノを収納しましょう。すでに収納スペースはガラガラのはずなので、床面積を広げることを意識して収納するようにしましょう。

Step4 床面積を広げよう

床はあなた自身を表しています。床面積を広げれば広げるほど、あなた自身の可能性が広がります。とくに家具は床面積を狭くする大きな原因です。必要な家具以外は捨てましょう。

Step5 床を磨く

床はあなた自身です。床を磨くことはあなた自身を磨くことでもあります。床が見えないほどモノが置いてある人は、不安や自信のなさから、心に鎧をたくさん身につけています。この心が床の状態に現れ、自分自身を隠してしまっているのです。

しもが持っているものです。もちろん過去世などの関係から生まれながらの運気の強弱はあるでしょう。私はとても貧乏な家に生まれ、3歳のときに両親が離婚、その後、継父に虐待される幼少期を過ごしました。しかし、36歳のときに師匠である小林正観先生に出会い、実践学を学び、運気というものは、実践することで上げられることを知りました。

私が師匠のもとで学ぶようになったときに、私は師匠に「最近、次々と夢が叶っていくんですよ」ということを話したことがありました。すると師匠はとても驚いて、「何を当たり前のことをいっているのですか？ これからの時代は自分が夢と思う前に夢が叶う時代、夢なんて思う暇もなく夢が叶っていく時代なのです」といいました。

師匠がいうには「時間というのは、未来から現在に雪崩れ込んできて、現在から過去に雪崩れ込んでいくものなのです。だから人間のスタートは死ぬときであり、ゴールは生まれたときなのだ」そうです。私はこの意味がわかるのに8年くらいかかりました。このことを伝えることは難しいですが、ひとついえることは運気を上げる、夢を叶えるというのは、誰でも習得できる技術にすぎないということです。

多くの人が運気は漠然と待っていれば上がると思っています。「今年は大殺界の年だから」「厄年だから」と言い訳をして、来年になると運気が上がると考える。しかし、そのようなことは関係がないのです。運気は待つものではなく、積極的に上げるものなのです。運気を上げることは「技術」なのです。誰もが運気をテクニックで上げることができるのです。その第一歩が全捨離なのです。

まず全捨離で、運気を取り入れる環境を整えてください。全捨離の実践方法は、図に示したので参照してください。全捨離で運気を取り入れる環境が整ったら、後は運気を取り入れるだけです。

まずは洋服の全捨離から始めよう！

クローゼットで全捨離の練習をしよう

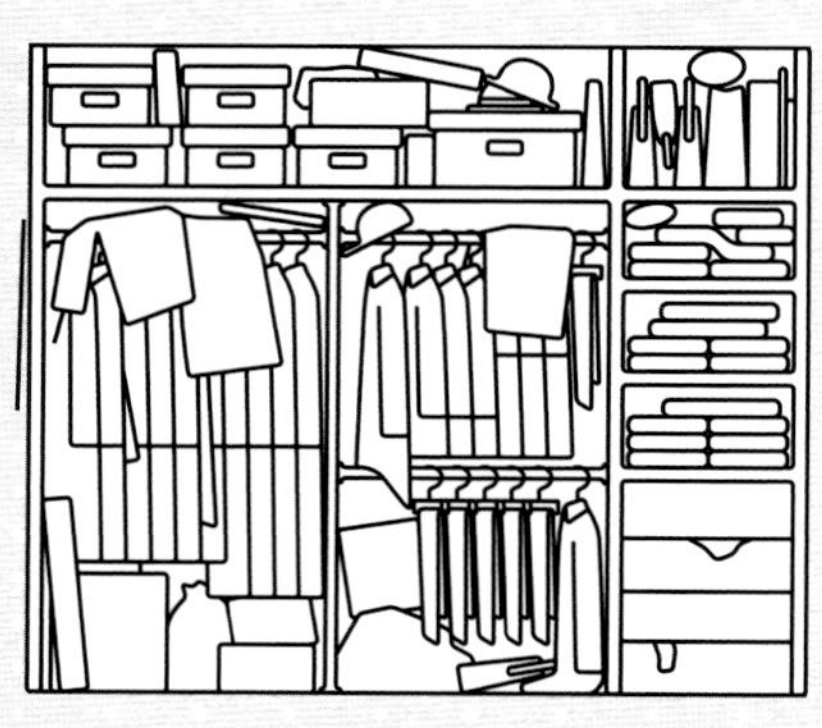

いきなり８割のモノを捨てようとしてもなかなか難しい人もいるでしょう。全捨離ウエーブに乗れない人は、クローゼット、洋服ダンスから始めましょう。まず着ない服をすべて捨てます。レギュラーから外れた２軍の服はすべて捨ててください。痩せたら着ようと思っている服もすべて捨ててください。シーズンオフの服や下着・靴下なども手放して、定期的に買い換えるようにしましょう。

全捨離とは執着を捨てること

全捨離を行ううえで、最も妨げになるものがあります。それは「執着」です。モノを捨てられない執着、過去を捨てられない執着です。もちろん栄光の過去もあるでしょう。あなたがかつて努力して勝ち取った大切な金メダルを捨てろ、とはいいません。しかし、その金メダルに執着して、囚われてしまっている人もいます。神様が一番嫌うものが執着です。執着がある人に神様は味方をしてくれませんし、運気が上がることもありません。

全捨離は、空間にだけ当てはまるものではありません。例えば、携帯電話に入っている電話帳です。多くの人は電話帳に連絡先が溜まる一方で、もしかしたらそのうち連絡をするかも、という連絡先が何百件、何千件も記録されているはずです。私は本当に必要な連絡先を除いて、すべて削除してしまったほうがよいと考えます。もし削除した人と連絡を取らなくてはいけないなら、知り合いに尋ねたり、インターネットで調べたりすればいくらでも連絡が取る手段があるはずです。

電話帳の全捨離をすると人間関係が劇的に変わります。いつも決まった相手とだけ会っていた人間関係から、新しい出会いが次々と訪れるはずです。宇宙の法則はとてもシンプルです。まずスペースを空ける、するとそこに新しいモノが入ってくる。人間関係も運気も同じです。全捨離でスペースを空けなければ、運気も人間関係も入ってこられないのです。

運気を取り入れる方法として、小林正観先生から教わったことは、「否定的なことを話さず、肯定的なことを話す」「いつもニコニコして機嫌をよくする」「目の前の人に喜ばれる存在になる」ということでした。まず運気を取り入れるスペースを空ける。そうするとそこに運気が入ってくる。運気を受け取れるキャパシティは無限ではありません。だから人生は引き算だと私は考えています。

まずは運気を取り入れる「全捨離」を実践してみてください。あなたの運気は劇的に変わるはずです。

部屋別！

全捨離実践法

キッチン

台所事情といえばお金のことを指すように、キッチンは仕事・お金に直結します。キッチンには調理器具や調理家電、食器やコップ、不要な袋など、使わないモノが多くあります。ただし、キッチンは調理する人に相談して全捨離を進めるようにしましょう。

書斎・部屋

本はほこりが溜まりやすいものです。一度読んだ本は捨ててしまいましょう。もう一度読みたい場合はその都度購入すればよいのです。本棚や収納ボードなどがなくなれば床面積は広くなります。

玄関

玄関は運気の入り口です。運がいい人ほど玄関にモノを置いていません。下駄箱は邪気の巣窟になるので、清潔に保ち、使わない靴や空箱などはすべて捨ててください。

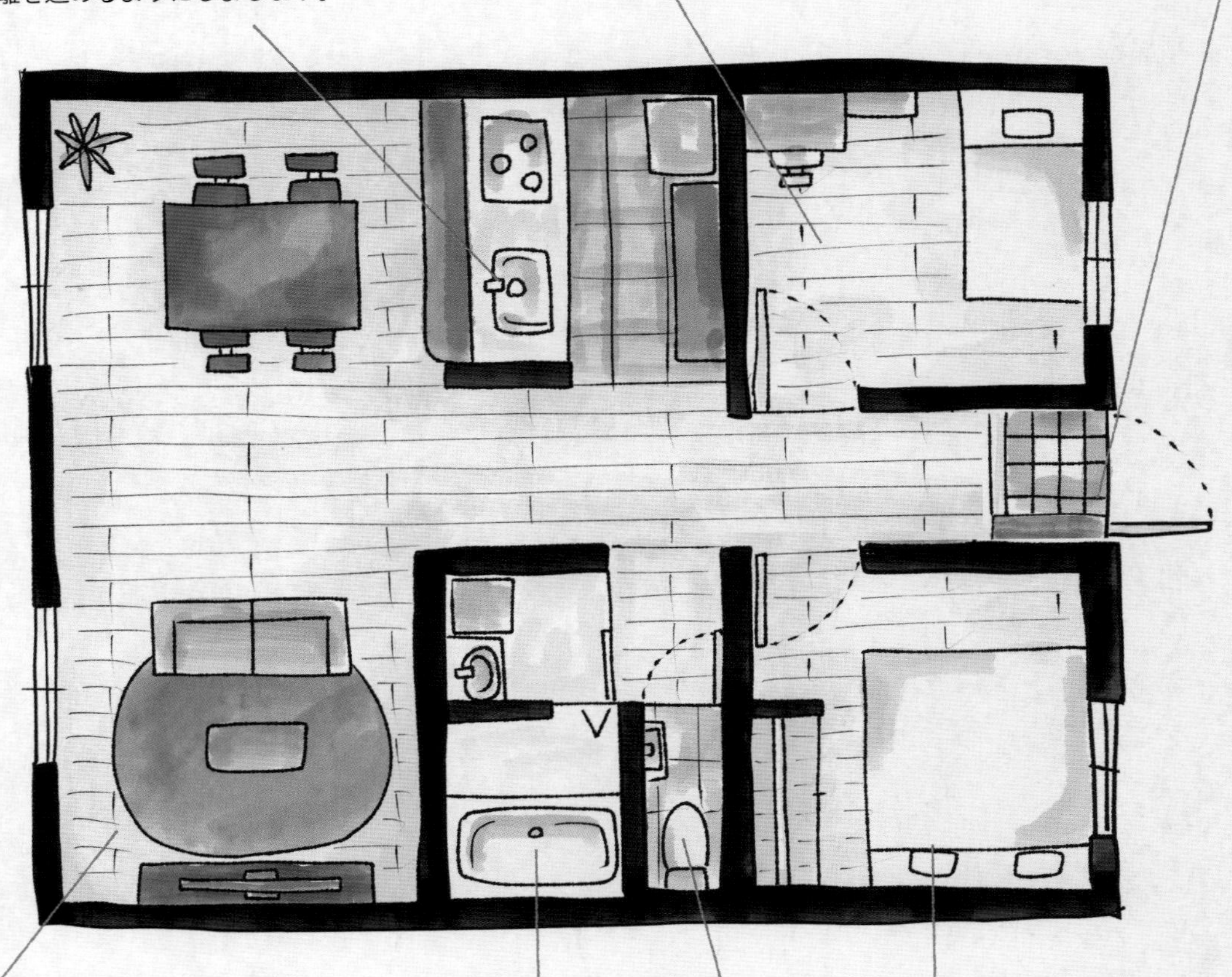

リビング

いかに床面積を広げるかを考えて捨てましょう。ソファーやテレビ（＋テレビ台）などは床面積を狭くしている要因です。これらを捨てることができれば全捨離上級者です。

洗面所・お風呂

最も多いのがストックです。シャンプーや歯磨き粉、スポンジなど不要なストックはなくしましょう。またお風呂の水は使った後に抜くようにしましょう。

寝室

寝室は人生の３分の１を過ごす場所であり、あなたの健康に最も影響を与えます。ベッドは床面積を狭くしますし、マットレスは洗うことができないので邪気が溜まりやすくなります。思い切って、ベッドとマットレスを捨てれば、全捨離上級者です。

トイレ

トイレは家の中でも別格の存在です。モノを置かないのは当たり前で、全捨離に関係なく常に徹底的にきれいにしてください。

押し入れ・物置き

段ボールに収納することはご法度です。段ボールに入っているものは使っていないモノがほとんどですので、段ボールごと捨ててしまってもよいでしょう。また客用の布団なども不要なモノです。押し入れや物置きは使っていないモノを押し込む場所にならないように注意しましょう。

いつでも誰でも願いが叶う

「SMARTの法則」で「宇宙銀行」にオーダーする

「今」を変えれば、過去と未来が変わる。約1万5000体以上を除霊したカリスマ霊能力者である柳生忠司さんが、願いを叶える「宇宙銀行」にオーダーする方法を紹介します。

霊界と現世のメカニズム

私はこれまで1万5000体以上を除霊しました。私が除霊の方法を身につけたのは、私自身が極度の霊媒体質だったからです。過去の私は、ある霊能者の先生から「霊の掃除機」といわれたぐらいでした。40歳ぐらいのあるとき、昼間にもかかわらず周囲を真っ暗に感じ、強烈な寒気を感じました。そして、体調も急激に悪くなりました。そこで霊能者の先生に除霊してもらったのですが、私に取り憑いていたのは2000体の霊でした。そして、この霊能者の先生から、密教の作法や西洋レイキなどを教わり、除霊とヒーリングの手法を身につけました。

人は誰しも目に見えない世界を実感したことがあるのではないでしょうか。この世界は目に見えない霊界があり、この霊界の中に「現世」と呼ばれる私たちが生きている世界があります。すなわち、私たちは霊界の一部である現世に生きているわけです。霊界は情報空間であり、過去や未来といった時間軸はなく、空間もありません。一方で現世は、時間があり、空間があり、物質があります。そのため現世では、さまざまな経験をしてさまざまな感情を味わうことができます。しかし、霊界にいる人たち（霊たち）には肉体がありません。そのため痛さや苦しみを感じることはありません。霊界と現世は繋がっていますので、映画を見る

知っておきたい霊界のメカニズム

- ○ 過去世や霊によって影響を受けることがある
- ○ 霊界の影響は、一般的に5％、最大で20％
- ○ 現世でクリアするためのミッション（過去世からの課題）がある

柳生忠司
Tadashi Yagyu

幼少の頃より霊感があり、日々霊障を受けるという辛い日々を過ごす。10歳から神道で修行を始める。極度の憑依体質で、最高2000体の不成仏霊に憑依され死にそうになるも除霊を受けて生還。憑依体質を克服するため、西洋レイキ、密教の作法を学び除霊をマスター、アセンションより能力が開花する。主な著書に『すごいセルフ除霊 超開運「お清め」習慣』（KADOKAWA）がある。YouTube「プロ霊能力者チャンネル」で、誰でもできる除霊方法などを配信している。

霊界と現世の関係

宇宙銀行
BANK
霊界
時間・物質
物理的空間がない
情報の世界
ATM
現世
時間
物質
空間が
ある世界
オーダー

ように、痛みや苦しみなどは情報としては知っていますが、肉体がなく体験ができないためわからないのです。現世にいる私たちは体験を通してさまざまな感情を味わうことで魂を向上させることが現世に生まれた目的です。

すべての人が、現世に生まれてくるときにミッション（使命）を持っています。これは過去世からの、やり残した課題です。何回も生まれ変わって、この課題に取り組むことになります。このミッションをクリアすると、私たちは次のステップに歩むことができます。

ところが過去世が原因となって、霊障の攻撃を受け、何をやっても人生がうまくいかない人がいます。霊は基本的に霊界にいますが、亡くなった後に霊界に帰らず現世にとどまる「不成仏霊」がいます。これは、成仏していないことが悪いというわけではありません。現世で見届けたいものがあったり、死んだことに納得できなかったりと、さまざまな事情があって現世に留まっているに過ぎません。

しかし、生霊は違います。生霊とは、生きている人間の恨み妬みといったネガティブなエネルギーのことです。生霊は思いを向けた相手を攻撃します。そして、これらの死霊や生霊によって引き起こされるのが霊障です。

過去世のさまざまな糸がからみ合って、自分ではどうしようもないほど縛られている人がいます。そして過去世が原因となって、生霊の攻撃を受ける場合があります。努力しても努力してもうまくいかない。こうした場合は、過去世の情報を書き換える必要があります。そして、影響を受けやすい人は、霊からの影響を受けにくくすることが大切です。

ただ基本的には、この過去世から引き継いだ課題を現世で乗り越えることが一番です。私は、霊界が現世に及ぼす影響は一般の人で5％程度、大きな使命を持って生きられてきた人でも多くて20％程度だと考えています。ですから、過去世を書き換えたら、無条件に人生が好転するわけではありません。現世的な努力、行動が必要です。そしてそれまで過去世の影響で前に進めなかった状態からようやくスタート地点に立つことができるようになるのです。

誰でもいつでもできる宇宙銀行へのオーダー

では、人生をよりよくするため、願いを叶えるためには、何をしたらよいのでしょうか？ここで知っておいてほしいのが「宇宙銀行」の存在です。宇宙銀行は、あらゆるもののエネルギーの蔵として存在しています。この宇宙銀行のエネルギーには、愛やお金、健康などあらゆる願いを叶えてくれるものです。この見えない「宇宙銀行」には、ATMがあり、このATMは見えませんが、私たちのすぐ近くにあり、いつでもどこでも引き出すことができます。人生がうまくいかない人はこのATMでの引き出し方を知らないのです。

宇宙銀行から夢を叶えるエネルギーを引き出すためにすることは、オーダーをすることです。しかし、漠然と「有名になりたい」とか「お金が欲しい」といっても宇宙銀行から引き出すことはできません。宇宙銀行がおじいちゃんで、私たちが孫だとすると、孫から「おもちゃが欲しい」といわれても、おじいちゃんは何を買ってあげればよいかわかりません。ですから、オーダーは具体的で、明確にすることが大切です。その方法として、「SMART」を意識してオーダーすることです。「SMART」は、Specific（具体的な）、Measurable（計測可能な）、Achievable（達成可能な）、Relevant（関連がある）、Time-bound（期限がある）の略です。

そして宇宙銀行にオーダーしても、自ら行動しなければ叶いません。正確にいうと霊界ではオーダーした時点で願いは叶っています。なぜなら霊界には過去や未来といった時間軸がないからです。しかし、それを現世で現実化・物質化しなくてはいけません。そのため、現世では願いが叶うまでのタイムラグがあり、行動することでこのタイムラグを短くすることができるのです。

SMARTの法則で宇宙銀行にオーダーするときに大切なことは、「こうなりたい」というまっすぐな気持ちです。半信半疑ならば確率は半分になります。そして宇宙銀行を信じ切ることが大切です。またお願いした後に「まだ叶わない？」「もうもらえる？」と結果に執着してもいけません。おじいちゃんが好きなおもちゃを買ってくれる、と約束してもいちいち催促をしていたら、いくら優しくても「うるさいな」と思うかもしれません。ですからオーダーしたことを忘れるくらいでよいでしょう。

宇宙銀行にオーダーすると、すぐに効果が現れたり、サインがくる場合があります。おみくじでいいことが書かれていた、突然のプレゼントをもらった、などの「ちょっとしたいいこと」が起きます。こうしたときは「ありがとうございます」と宇宙銀行に感謝を込めて心の中で返答しましょう。

霊界と異なり、現世には時間軸があります。しかし、私たちが体験できるのは「今」だけです。実は「今」を変えれば、未来と過去が変わります。

例えば、ある出来事を3人の人物が体験をしたとします。それぞれ同じ体験であっても、「楽しいこと」「嫌なこと」「とくに何も感じないこと」といったようにとらえ方はさまざまです。これは自分のフィルターによって、過去の記憶を見るからです。ですから過去の出来事・記憶に意味はないのです。自分の価値観のフィルターが変われば、いくらでも変わるのが過去なのです。

ですから、宇宙銀行にオーダーして、「今」をしっかりと行動すれば、オーダーが通り、未来は確実に好転します。そして、充実した「今」を過ごせるようになると、「あのことがあったから今こうなのだ」と思えるように過去が変わります。幸福な人生を歩むために、ぜひ宇宙銀行にオーダーをして、過去や未来に囚われず「今」を大切にして行動していっていただきたいと思います。

「宇宙銀行」にオーダーする SMARTの法則

Specific（具体的な）

５WIH（いつ、どこで、誰が、なぜ、何を、どうやって）を意識しましょう。例えば、お金が必要ならば、「家族で住む東京のマンションを購入するための頭金として２年後までに500万円欲しい」といったように具体化しましょう。

Measurable（計測可能な）

目標額が500万円だったならば、250万円が宇宙銀行から引き出せたら達成率が50％とわかります。このように具体的に達成率がわかるようにしておきましょう。

Achievable（達成可能な）

自分のキャパシティを超えたオーダーは通りません。その基準は「どうせ無理だろうな」と思ってしまうかどうかです。ですから、ダメもともいけません。

Relevant（関連がある）

オーダーが自分にどのように関係してくるか、です。例えば、好きな人と結婚したい、という願いだったら、結婚してどのような人生を歩みたいのか、どのような家庭にしたいのか、ということです。

Time-bound（期限がある）

「いつまでに」という期限を明確化します。期限が決まっていないと叶ったかどうかわからないからです。

オーダーの注意点

- オーダーが通ったときの体験と気持ちを、五感を使ってイメージする
- 「宇宙銀行」を信じて、オーダーしたことを忘れる
- 目の前のことを一生懸命に行う
- 宇宙銀行からのサインを受け取り、喜びや感謝を伝える

故人との絆を取り戻す

命日占いで過去から未来へ踏み出す

人生の中で最も大きな悲しみとなる大切な人との別れ。その悲しみから立ち直るきっかけとなる命日占いを行ってみましょう。

西洋占星術が示す運命の仕組み

私と占いとの出会いは、私がゲームクリエイターをしていたときです。副業を探していた私が、書店で偶然手にした雑誌に「電話占い師募集」という広告がありました。これならば会社員を続けながらでもできると、その書店でタロットカードのセットを購入したことが私の占い師としてのスタートです。

その後、西洋占星術についても学び、大阪のミナミで占い師として独立しました。占い師を始めて感じたことは運命・運勢というのはゲームの世界によく似ている、ということです。私は決まった未来というのは存在しないと考えています。ただいろいろな方の鑑定を通して、未来に起きる細かな出来事は決まっていないけれども、『ドラゴンクエスト』や『ファイナルファンタジー』といったロールプレイングゲームのように、自分のキャラクター属性や必ず倒さなくてはいけないボス、大きなテーマは決まっていることが実感としてあります。

つまり生まれながらのその人の性質・性格、人生でクリアしなくてはいけない試練や困難、その人が人生で成し遂げる使命です。ただ、これらはあくまでも設定であって、そのような人生の大きな流れがあっても、どのように成長をするか、どのような冒険をしたいか、どの道を歩くか、といったことは自由に選択できます。占いは、このお手伝いをするものという位置づけです。

西洋占星術では自分の資質だけではなく、今、時間や社会からどのような影響を受けているかも読み解くことができます。自分が冒険者として人生というフィールドを歩んでいくために、西洋占星術によって時間と環境を味方につけることができます。「今、あなたにはこのようなチャンスが来ていますよ」「現在はこういう時代で、社会はこういうムードになっていますよ」ということを知り、その状況にどのように関わっていけばよいのか、アドバイスできるのです。

かげした真由子

Mayuko Kageshita

西洋占星術師・心理セラピスト。ゲームクリエイター、サウンドクリエイター、ベンチャー企業の立ち上げ、保険営業マンの秘書などを経てタロット占い師になる。2008年より占い師・心理セラピストとして独立。現在までの鑑定数はのべ1万5000件以上。また故人の命日をもとに相談者の人生を占う「命日占い」を発案。主な著書に『命日占い』『命日占い〈未来編〉』(いずれもサンマーク出版)などがある。

命日占いとは？

命日占いは、故人とあなたの関係性、故人からの見えないメッセージを伝えるものです。

1 故人との絆を取り戻す

占いは目に見えない世界を観察するものです。命日占いは故人の無念や死の原因を探るものではありません。あの世に旅立った自分にとって大切な故人との絆を星の配置をもとに読み解くことで、残された私たちが生きる力を得るための占いなのです。

2 命日は魂の第2の誕生日

生まれた日に意味があるように、亡くなられた日にも意味があります。誕生日は宇宙（星）が「あなたをこのように生み出そう」と意図した日、命日は故人を「あの世に送り出そう」と意図した日です。もちろん生や死を完全に理解することはできませんが、命日にも大切なメッセージが隠されていると考えます。

3 故人との絆を、生きる安心に変えるための心のお守り

大切な方との別れによる悲しみは他人の悲しみと比べることはできません。しかし、それでも残された人は生きていかなくてはいけません。大切な方との別れは、故人との温かな思い出を封印するほど受け入れ難いことです。でも、二人の絆まで消えてしまったわけではありません。この命日占いが止まった二人の時計の針を動かし、故人との絆を思い出す心のクッションとなってくれるのです。

相談から始まった命日占い

私は、西洋占星術にヒントを得て、命日占いを発案しました。とはいえ、これは私が考え出したものではありません。もともとは相談者から、「誕生日占いができるなら、命日占いはできないのでしょうか？」といわれたことがきっかけです。

その方は、会社を経営されている40代の男性で、20年前にお父様が自死された過去を持っていました。その方は、お父様から何も言葉をもらえなかったため、言い残したことがあったならば知りたい、と願っていました。

私は西洋占星術の原理的には、命日占いもできると思い、後日文書で鑑定結果をその方に渡しました。その方は鑑定結果を見て涙を流したそうです。20年という歳月の中で、お父様の死を乗り越えてきたわけですが、「心の奥底に残っていた燃えかすがきれいになりました」と晴れやかなお顔になりました。お父様の死によって欠けていたアイデンティティを取り戻したように感じられました。

命日占いが悲しみを受け止めるときの心のクッションになる

占いの抽象性が心のクッションになる

大切な方とのお別れは、人生において最も悲しく辛いことです。そのため、人は悲しみを封印したり、さらには生前の故人との温かな記憶さえ、思い出すと悲しみが湧いてくるので蓋をしてしまうことがあります。「悲しんではいけない、思い出してはいけない」という心理が働きます。

ですが、生前、絆を育んできた大切な故人はあなたの一部のような存在です。あなたの心の中に故人の居場所がないと、あなた自身の何かが欠けた状態が続いてしまいます。かといって、故人との絆を思い出すことは、辛さを伴います。

そこで占いが心のクッションになり、あなたの心の中に故人の居場所を取り戻すことができたら、という祈りを込めたのが命日占いなのです。

もちろん喪失体験は十人十色です。ショックの度合いは誰にもわかりません。命日占いをする前に、誰かに話を聞いてもらったり、悲しみを共有してもらったりする必要がある人もいます。この命日占いは、過去と向き合うための心のクッション、故人との絆を取り戻すお守りだと思ってやってみてください。

命日占いの体験談（『命日占い』より抜粋）

① 20年前に父が自死し、命日占いを最初に依頼した男性

ようやく泣けます。やっとハートが全開になった感じがします。
そしてなんか自信が湧いてきました。
事業に失敗して借金したことも、離婚を経験したことも、
今思えば必然だったんです。

② 幼いお孫さんを亡くされた女性

この度は鑑定いただき、ありがとうございました。
何度も読み返し、何度も何度も泣きました。
実は、あまり泣いていませんでした。
というか泣けませんでした。
母親である娘も泣けてないかもしれません。
夫は事あるごとに、声を出して号泣する始末。
横で私は泣けませんでした。
今回の鑑定により、泣けたことに感謝します。

命日占いをやってみよう

命日占いではあなたと故人の関係性を10個の物語に当てはめます。誕生日と命日の対照表を載せておきますので参照ください（P64）。ここに書かれた10の物語が故人とあなたの関係性です。

step.1

あなたの誕生日星座を確認します。

step.2

故人の命日の星座を確認します。

step.3

下の表からあなたの誕生星座と故人の命日星座が交わったところが、故人の絆を読み解くテーマとなります。

星座早見表

牡羊座	3月21日～4月19日	獅子座	7月23日～8月22日	射手座	11月23日～12月21日
牡牛座	4月20日～5月20日	乙女座	8月23日～9月22日	山羊座	12月22日～1月19日
双子座	5月21日～6月21日	天秤座	9月23日～10月23日	水瓶座	1月20日～2月18日
蟹　座	6月22日～7月22日	蠍　座	10月24日～11月22日	魚　座	2月19日～3月20日

※その年によって星座の変わり目が前後することがあります。

故人の命日星座												
魚座	水瓶座	山羊座	射手座	蠍座	天秤座	乙女座	獅子座	蟹座	双子座	牡牛座	牡羊座	あなたの誕生星座
繋がる手	繋がる手	北極星	こだま	パズル	天空の目	パズル	こだま	北極星	繋がる手	繋がる手	一心同体	牡羊座
繋がる手	天の川	こだま	真っ白な紙	天空の目	パズル	こだま	天の川	繋がる手	繋がる手	一心同体	未来列車	牡牛座
北極星	合奏	真っ白な紙	天空の目	真っ白な紙	合奏	北極星	繋がる手	繋がる手	一心同体	未来列車	未来列車	双子座
合奏	真っ白な紙	天空の目	真っ白な紙	合奏	天の川	繋がる手	繋がる手	一心同体	未来列車	未来列車	天の川	蟹座
真っ白な紙	天空の目	真っ白な紙	こだま	北極星	繋がる手	繋がる手	一心同体	未来列車	未来列車	北極星	こだま	獅子座
天空の目	真っ白な紙	こだま	天の川	繋がる手	繋がる手	一心同体	未来列車	未来列車	天の川	こだま	パズル	乙女座
パズル	合奏	北極星	繋がる手	繋がる手	一心同体	未来列車	未来列車	北極星	合奏	パズル	天空の目	天秤座
合奏	天の川	繋がる手	繋がる手	一心同体	未来列車	未来列車	天の川	合奏	真っ白な紙	天空の目	パズル	蠍座
北極星	繋がる手	繋がる手	一心同体	未来列車	未来列車	北極星	こだま	真っ白な紙	天空の目	真っ白な紙	こだま	射手座
繋がる手	繋がる手	一心同体	未来列車	未来列車	天の川	こだま	真っ白な紙	天空の目	真っ白な紙	こだま	天の川	山羊座
繋がる手	一心同体	未来列車	未来列車	北極星	合奏	真っ白な紙	天空の目	真っ白な紙	合奏	北極星	未来列車	水瓶座
一心同体	未来列車	未来列車	天の川	合奏	パズル	天空の目	真っ白な紙	合奏	天の川	未来列車	未来列車	魚座

命日占いでわかる
10個の故人との関係性

より詳細な読み解きに興味がある方は、『命日占い』(サンマーク出版)をご覧ください。

1 一心同体

「あなたの幸せは
私の幸せ」

とても強い絆で結ばれた２人です。あなたが自分に集中して生きるほど、故人も喜びます。「私は自分で自分を幸せにしよう」という志がこの関係性が伝えるメッセージです。

2 未来列車

「まだ見ぬ景色を
見に行こう」

兄弟姉妹のように切磋琢磨する２人です。故人はあなたが前進するようにサポートしてくれます。あなたが前進すればするほど、両者のエネルギーは大きくなります。

3 繋がる手

「いつも助けが
差し伸べられているよ」

親友のような関係性の２人です。成長していくことにお互いに助け合います。故人はあなたを見守りながら「手を取り合う素晴らしさ」を伝えるミッションに取り組んでいます。

4 北極星

「目的の場所で
光を灯し続ける」

あなたの目的や姿勢に対して、北極星のように不動の光で照らしてくれます。お別れを機に芽生えた使命感、あなたの情熱を故人とともに育んでいく関係性です。

5 天の川

「過去から
目をそらさないで」

故人は「過去の辛い思い出や記憶を私に預けてほしい」と願っています。あなたの未来への行動にブレーキをかける過去の記憶を、故人が開放してくれようとしています。

6 こだま

「そのままの
あなたで生きて」

人間は「こうあるべき」と思い込むことが多くありますが、お別れを機にありのままの私ができることに気づき始めます。故人はその決意に、勇気というこだまを返してくれます。

7 合奏

「私たちはきれいな
ハーモニーを奏でる」

お別れによって閉ざした「心の感度」を、故人が再度開かせてくれます。自分の気持ちを大切にすることで、故人の魂と合奏となり、人生の新しいハーモニーが生まれます。

8 パズル

「問題を一緒に解決しよう」

故人とのお別れを解けないパズルと思うかもしれませんが、このパズルを解く力があることを思い出していきます。そして、「ぴったりと合う」体験をしていくことになります。

9 真っ白な紙

「答え探しの旅に出よう」

お別れを機に答え探しの人生を歩みます。そして時間をかけて答えよりも大切なものを見つけ出します。その道のりで故人のサポートが溢れていたことに気づきます。

10 天空の目

「私があなたの
もうひとつの目になろう」

お互いの姿を見つめ合う２人です。故人はあなたのもうひとつの目となり、あなたをサポートします。落ち込んでいるときには、もうひとつの視点を気づかせるきっかけを届けます。

すべて思い通りの運命になる！

無敵の開運術 STEP2

STEP1での開運術をマスターしましたか？
どのようにして開運を導くかは何となくでもわかってきたでしょうか？
少しでもわかってきているなら、あなたの運が開くのはすぐそこです。
STEP2でも引き続き、「すぐに始められる無敵の開運術」を
11人の人気開運マスターやYouTuberたちによって紹介します。
ますますあなたの人生が輝くことを祈ります。

願いをスムーズに叶える！心のブロックを外して幸せを掴む極意

願いが叶わないのは、自分が作り出した「心のブロック」が原因かも。自分と向き合い、見つけたブロックを外し、そして行動することで思い通りの現実を手に入れましょう！

KIKO

守護霊やハイヤーセルフと繋がる力と、会社員、会社役員、経営者など豊富なビジネス経験を活かし、スピリチュアルを現実に活かすための行動・マインドのアドバイスを行う。YouTubeの「大丈夫！運が味方になるKIKO channel」も人気。

ブロックを外して行動を変えれば現実も変わる！

あなたが今、「こうありたい」というしっかりしたビジョンを持っていて、望みを宣言したり、行動もしているのになかなか叶わないなら、自分が作り出した心のブロックが原因かもしれません。

〝引き寄せの法則〟があるように、本来「こうありたい」という思いは、望みを放ち、それに向かって行動していくことで叶うはずです。現実が思い通りにならず、何度も同じようなことで悩んでいるなら、自分と向き合い、ブロックを見つけて外すチャンス。その上で行動を変えれば、願いはきっと叶えられるでしょう。

What's the block of mind?

心のブロックとは？

誰にでも多少なりともある「心のブロック」。
幼少期に親や周囲からの影響で生じ、
心を守る一方で、願いの実現を妨げる原因にも。

自分の邪魔をするブロック

ありがちなブロックの例

お金のブロック

- お金は汚いと思っている
- お金を稼ぐと人から妬まれると思う
- 苦労しないとお金は手に入らないと思う など

人間関係のブロック

- 結婚しても幸せになれない
- 異性から愛されない
- 自分の周りには意地悪な人が多い など

家庭関係のブロック

- 自分は親から愛されていない
- 自分よりきょうだいのほうが可愛がられていた
- 努力しても親からほめてもらえない など

その他のブロック

- 自分は勉強や運動ができない
- 家を片づけられない
- いやな習慣がやめられない など

ブロックは親からの影響で生じやすい

例えば「ビジネスで稼ぎたい」と望んでいてもそうならないなら、「お金は汚い」「人に妬まれる」などのブロックが働いているかも。

こうしたブロックは親からの影響で生じることが多いものです。とくに親世代は「ぜいたくはいけない」「節約が美徳」という教育を受けていたり、バブルやバブル崩壊でお金に振り回されてきた人が多く、そうした考え方を持つのは自然なことです。それを否定するのではなく、自分もそういうふうに感じていることをまずは受容してください。

また、「親に愛されなかった」というブロックを持つ人も多いです。多くの親は、ただ愛情表現が下手だっただけ。大人になって親の愛情に気づく人もいますが「そんなわけない」とブロックを守り続ける人は、周囲の別の人にも「愛されない」という気持ちを投影し、不愉快な状況を自ら作り出してしまうのです。

Find the block of mind

ブロックを見つけよう

ブロックを放置するとどんどん「うまくいかない現実」を作り出し、雪だるま式に拡大。自分と向き合い、見つけることが大切です。

ブロックには理由がある

ブロックの見つけ方

1 現実を見つめる

今起こっている現実を見て、理想とのギャップがあると感じたら、その現実は、どこかで自分の心の中のブロックが望んでいるものだと理解しましょう。例えば「お金持ちになりたい」と願っているのに、いつもお金がないと感じている、「職場で楽しい人間関係を築きたい」と願っているのに、いつも高圧的な上司に遭う、など。

2 その中にあるブロックを見る

心の中を見つめて、願い事を叶えるための行動を妨げているブロックを探しましょう。「お金持ちになりたい」のに叶わないなら「お金は汚い」「稼ぐことがこわい」などのブロックがあるからかも。「職場で楽しい人間関係を築きたい」のに叶わないなら「自分は愛されていない」というブロックがあるからかもしれません。

3 ブロックの理由について仮説を出す

見つけたブロックについて、なぜそう感じるのか、仮説を出してみましょう。お金のブロックなら「親にいわれたから」「幼少期に家庭でお金に困っていたから」、人間関係のブロックなら「親に愛されず、不安が多かったから」「友達にいじめられたから」など、思い当たる理由をどんどん挙げていきましょう！

4 ピンとくるものがブロックの原因

仮説をどんどん挙げていく中で、ひとつのことでピンときたり、こわいと思ったり、涙が出たり、胸の奥が締めつけられるようなインパクトを感じたら、それこそがブロックの原因。普段は無意識でスルーしていた自分の心と向き合うことは、とてもしんどい作業ですが、現実を変えるためのプロセスとして大切なことです。

ブロック探しを通して思考のクセに気づこう

何度も同じようなことで悩んでいるなら、そのときがブロックと向き合い、自分が変わるタイミングです。お金が稼げない、転職しても高圧的な上司に遭う、頑張っても毎回おいしいところを人に持っていかれるなどの現実は、ブロックが原因かも。対処すれば現実は変わります！

例えばお金のブロックを放置していると、稼いでいる人がネットで炎上しているのを見て「やっぱりお金を持つと不幸になる」とブロックを裏づける印象を持ち、ますます行動を制限することに。ブロックは自分の心を守り、リスクを回避してくれるメリットはありますが、願い事から遠ざかる原因にもなるのです。

頑張ってもうまくいかないときに「やっぱりだめだ」と拗ねたり諦めると、ブロックはさらに拡大。逆に「一度くらいの失敗は仕方ない」と行動を続けられる人は、現実がどんどん理想に近づいていくでしょう。

Remove the block of mind

ブロックを外そう

ブロックを外したいと思ったら、自分自身と対話して確認を。これまで守ってくれていたブロックに感謝し、手放す意識が大切です。

ブロックにサヨナラ！

ブロックの外し方

1 外してよいかを自分に聞く

ブロックを外したいと思ったら、まず自分自身に確認してみましょう。ブロックは「願い事を邪魔する悪いもの」ではありません。例えば「お金を稼ぐと妬まれるリスクもあるよ」と自分を守ってくれる存在ともいえます。それを認めたうえで、まだブロックが必要だと感じるなら、外さなくてもよいでしょう。

2 昔と変われていたら「OK」

ブロックを外す目安は「ブロックができた時期の自分から変われているかどうか」。大抵の場合、ブロックができるのは幼少期なので、今の自分なら大丈夫と感じられるなら、外していいでしょう。例えば「今の自分なら、人に妬まれ傷つくというリスクも覚悟しながら、ビジネスにチャレンジできる」と感じられれば、外してＯＫです。

3 外すことを宣言する

今まで自分を守ってくれていたブロックに感謝し、手放すことを宣言します。ポイントは、ブロックを邪険にしないこと。「今まで弱かった私を守ってくれてありがとう。おかげでお金のことで妬まれることもなく、傷つかずにいられました。でも今の自分は変われたので、ビジネスに前向きにチャレンジするね」という具合です。

ブロックを外してHAPPY！体験談❶

自己肯定感が低く、ブログに挑戦しても３日書いただけで「アクセスが増えない」と諦めていたＡさん。幼少期から過保護に育てられ、何でも親が決めてくれていたため「失敗がこわい」というブロックを発見し、外してからビジネスに再挑戦したら、周囲にも応援され売り上げが好調に！

守ってくれたブロックに感謝して手放そう！

ブロックを無視して無理やり気持ちを上書きしようとしても、心の奥にまだブロックがあるので同じことを繰り返してしまいます。「もう同じようなことで悩むのはいやだ」「ブロックを外したい」と感じたら、ブロックを外すべきタイミング！

ポイントは、ブロックの存在を認めて感謝すること。ブロックは願いを叶えさせない悪いものではなく、あなたを守るために存在してくれています。そのおかげで、不幸や傷つくことから守られていたと感謝することで、本当に手放していけます。

一度ブロックに向き合うと、自分の状況を俯瞰（ふかん）できるようになり、別のブロックにも気づいて外していけるように。そして行動しながら理想を手に入れるクセがつきます。

私自身も3ヶ月に1回くらいの頻度で外しています。「また同じことが起きたらいやだな。だったら今外しちゃおう！」という感覚です。

Enjoy your new Real

新しい現実を生きる

ブロックを外すと、必ず「お試し」的な出来事が現れます。「また同じことが……」と焦らずに、新しい自分で対処しましょう！

新しい自分で楽しく！

現実を変える

1 「お試し」がきても焦らない

お金に関するブロックを外した場合は、稼げるチャンスが訪れたり、人間関係に関するブロックを外した場合は、苦手意識のある人と話す機会ができるなど、まるでブロックを外した自分を「お試し」されるような出来事が訪れます。「またか」と焦ったりうろたえたりせずに、「これはお試しだ」と胸に言い聞かせましょう。

2 新しい自分で対処する

「こわい」とか「いやだ」と思うかもしれませんが、その先にあるリスクも考えたうえで、新しい自分ならどうするかを感じ「大丈夫！」と感じられる場合は、思い切って今までと違う行動をして。とくに未経験のことは、失敗も覚悟しつつチャレンジすることで、思わぬ成功が待っていたり、失敗しても次へのステップに繋がるはず。

3 繰り返すうちにもっと楽しくなる！

ブロックを外しながら、常に新しい自分で対処していくことで、現実が動いていく手応えを感じられるはず。ブロックは１つ外したら終わりではなく、根深いところに複数潜んでいるもの。新しいブロックが見つかったら、その都度外し、リスクを覚悟しながら行動を続けていくことで、自分の理想をどんどん叶えられるでしょう！

ブロックを外してHAPPY！体験談②

「夫は料理ができず頼れない」「自分は仕事しか取り柄がない」などのブロックがあったBさん。外して夫に甘えたら、食事やお菓子まで作ってくれるように。実は夫は料理好き。妻のダメ出しを恐れて作れなかったと判明！

新しい自分が動けば現実はよりよく変わる

ブロックを見つけて外した後で、「またいつもの状況か」と感じることがあったら、今までの自分とは違う行動に出てみましょう。

とくに、今までやったことがなくてこわいと感じていることなら、チャレンジしてみるべき。このタイミングで行動するか、またブロックを出して自分を守るのか。どちらがよい悪いというのはありませんが、リスクを取って行動することで、必ず何かしらのリターンがあるはずです。

失敗しても「やっぱりダメだ」と新たなブロックを作るのではなく「次はやり方を変えてみよう」など経験を糧に動いていけば、現実はより思い通りになっていくでしょう。

幸せを掴んでいる人は、このようにリスクを取りながら行動した結果が出ているといえます。自分の内面と向き合い、ブロックを外して行動していくことで、現実を変える。この循環を繰り返すことが大切です。

教えて！KIKOさん
ブロック外しのQ&A

Q ブロックを外すと自分が変わりそうでこわい

A いずれにせよ素晴らしい世界が待っています！

変わることがこわくてブロック外しをやめてしまう人も多いのですが、今まで通りの現実で生きていきたいか、理想を手に入れたいのか、よく考えてみて。さまざまな人のブロック外しに立ち会いましたが、その先にあるのは、成功という感動的な世界だったり、「本当は何もしたくなかった」と気づいて楽になる世界など、自分にとって快適な世界。悪い世界が出た人は1人もいませんよ！

Q ブロックは過去生にも原因があるのでは……？

A まずは今世でできたブロックを外しましょう

たしかに、過去生が原因でブロックができることもあります。でもそこにばかり目を向けていると、自分と向き合うことに繋がりません。まず対処すべきは、今世でできたブロック。幼少の頃からの自分と向き合ってブロックを見つけたら、自分と相談しながら外し、行動を変えていけば、現実は変わります。そうすることで、過去生の問題を解決するきっかけにも自然と出会うはず。

Q 自分が掲げている理想が間違っているかも

A まずは行動してみることで判断できるはずです

今描いている理想が、自分にとって正しいかどうかわからない場合でも、そのまま行動し続けてみて。方向性がずれているとうまくいきづらいのですが「やめようかな」「周りばかりうまくいっている」と感じたら、あらためてブロックを探してみると、新たな課題や方向性に気づくでしょう。ブロックを外しながら行動し続けていけば、自分が本当は何を望んでいるのか摑めてくるはず。

Q 小さいブロックなら放置してもいい？

A 「そんなに望んでない」ことこそが願い事かも！

「強いていえばやりたいけど、そんなには望んでいない」「やってもよいけど、面倒だから」などと思い続けて放置していることがあるなら、今、ブロックを見つけて外すべきときかもしれません。長年チャレンジできないことは、潜在意識が「これをやったら成功しすぎて人生が変わりそう！」とブロックをかけている可能性があり、つまり本当にうまくいくことかもしれないのです！

Check!!

ブロックが外れると、魔法みたいに素敵な世界が現れます！自分を信じてブロック外しを実行してみましょう！

自分を信じて内面と向き合おう！

ブロックを外しながら行動することを繰り返していくうちに、周りの人が別人のように優しくなったり、仕事がスムーズに進んだりなどの変化を感じられるはず。

実はその人たちは、最初から優しかったし、仕事もそもそもスムーズに進められるものだったはず。それらを拒否していたのは、実は自分自身の心だったと気がつくでしょう。自分と向き合うことは、慣れないうちはしんどいと思いますが、ブロックを外し、行動するほどに世界はより理想に近づいていくので、私自身も趣味のように続けています（笑）。自分を信じて行動するのみです！

元来の「気」を取り戻して心も体も「元気」になれる
セルフヒーリングで周波数を整え、人生がうまくいく！

開運する心と体を保つには、日頃のメンテナンスが欠かせません。日本レイキ協会・理事長の辻耀子さんが「セルフヒーリングの大切さと具体的な方法」について教えます。

体と心の力を取り戻せば、不調が消え免疫力も向上！

「いつもだるい」「気分がネガティブになりがち」など、誰しも不調を感じることはあるもの。いっぽう、いつも元気で楽しそうな人もいたり、持病があっても、前向きな人とそうでない人がいます。この差が出るのはなぜでしょう。

「元気」という言葉は「元の気」に戻すという意味で、本来はみんな元気で前向きなはずです。誰でも日頃、我慢したり、ストレスを感じることはありますが、それが蓄積すると気が減退し、心身の不調となって表れるのです。

我慢や緊張、ストレスのほか、体の冷えや運動不足、食品添加物の多い食生活

気の通りをよくし、バランスを整える「1日3分レイキ・シャワー」

レイキの重心を下げて心も体も安定します。苦手な場所に行く前などに行うと、結界を張るように守ってくれて緊張した心が和らぎます。

1 丹田（たんでん）に力を入れ全身は脱力

足をやや内股気味に軽く開き、全身は脱力し、丹田には力を入れて立ち、合掌します。

2 両手を上げてレイキと繋がる

宇宙レイキに体内レイキを繋げる意識で、両手を上へ。ゆったり呼吸しましょう。

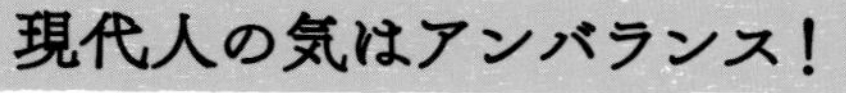

現代人の気はアンバランス！！

現代人は頭を使いすぎてレイキが上に集中しがちで緊張やイライラが多いのかも。レイキをおへその下の「丹田」に集めると心身が安定し、冷静な判断力を取り戻し、才能を発揮しやすくなります！

辻 耀子
Yoko Tsuji

NPO法人日本レイキ協会・理事長。医師、レイキ師範、心理分析士、経営者、投資家、YouTuber。25歳で大病し、「手遅れ」といわれたが東洋医学により奇跡的に完治。日本伝統式レイキ療法と出会い、日本レイキ協会の理事長に。

などによっても、気は減退するそうです。

また気は「活力」「生命力」ともいえるもので、中国では気、インドではプラーナ、日本ではレイキとも呼ばれます。

レイキは「無」から「有」を生み出す宇宙の根源的なエネルギーです。生き物の精子と卵子が結合する、心臓が動く、植物の種から芽が出る、花のつぼみが開くなど、あらゆるものの動きを担う物理学的エネルギーがレイキだといえます。

ここではレイキをチャージできるセルフヒーリングを紹介します。

レイキは私たちの体の中を含めあらゆるところに満ちていますが、体の中の「体内レイキ」の周波数を、体の外の「宇宙レイキ」の周波数に合わせることで、パワフルな宇宙レイキを取り込むことができます。体中の細胞が活性化して元気になり、心もおだやかで前向きな状態を取り戻すことができます。

不調のときはもちろん、日頃から実践すれば免疫力もアップでき、楽しい毎日を送れます。さらにセルフヒーリングを学ぶ場合は、日本レイキ協会のインストラクターから「アチューンメント」を受けるのもおすすめです。

繋がったら
手を胸に下ろす

呼吸数を落としていき、宇宙レイキと繋がった感じがしたら、手を胸まで下ろします。

手のひらを
下に向ける

そのままゆったりとした呼吸を続けながら、手のひらを下に向けていきましょう。

息を吐きながら
手を下ろす

ゆっくりと息を吐きながら、手を下にゆっくりと下ろしていきましょう。

前屈しながら
息を吐き切る

手に合わせて体も前に倒していき、前屈し切ったタイミングで息を吐き切ります。

息を吸いながら
上体を起こす

息を吸いながら上体を起こしていき、手を前に戻し、手のひらは下へ向けましょう。

体内レイキを
天へと放つ

両手を上げて開きます。体内のレイキを引き上げて、天に放つイメージを持ちましょう。

息を止めて
宇宙レイキを浴びる

手のひらから宇宙レイキのシャワーが出るイメージで、体に浴びせながら手を下ろして。

浴び終えたら
息を吐き切る

頭、首、胸、おなか、太腿……と浴びていき、足元まで浴び終えたら息を吐き切りましょう。

一連の動作を
繰り返す

７～10の動作を繰り返し、自分がやりたいだけ行い、最後に合掌して終了します。

POINT

「もしかしてHSPかも……!?」悩む前に心身のケアを

HSP(非常に感受性が強く敏感な気質の人)という言葉が広まっています。「私もそうかな?」と感じる人にもセルフヒーリングは有効です。

自分の機嫌が取れて、能力が開花することも!

「人の目が気になる」「いつまでもクヨクヨしてしまう」「人より傷つきやすい気がする」などの悩みを抱えている人は多いもの。ここ数年で「HSP」という言葉も広まり、自分もそうかもしれないと感じている人もいるのでは?

物事に対する傷つきやすさは人それぞれで違い、実際にもともとの生まれつきの性質によるものであることもあれば、幼少期の家庭環境が不安定だったり、学校でいじめを受けことなどによる心の傷が原因であることも少なくありません。※

失恋、スポーツで負ける、受験の失敗など、誰でも多かれ少なかれ傷つきながら大きくなっていいます。傷ついてもすぐ

「傷つきやすさ」は個人差が大きい

同じ出来事にあっても、傷つきにくい人は前向きに対処し、傷つきやすい人はネガティブな感情がループしてくじけやすいものです。

傷つきにくい人

仕事で失敗し、クレームが入った際も、「うまくフォローすればかえって印象をよくできるかも」「この失敗を次に生かそう」などと考えながら、前向きに対処していける。

傷つきやすい人

「私は本当にダメだ」「相手に嫌われているのかも」などと感じ、さらに「前にも失敗したし」「そういえば小学校の頃もいじめられていたし」などネガティブな感情がループしてしまい、対処も後ろ向きになりがち。

※HSPは先天的、後天的など、個人によって症状が異なります。

忘れる人もいれば、いつまでもしんどさを抱えていたり、心に蓋をしたまま傷ついたことに気づかず、無意識のうちに心の傷を増やしてしまっている場合も。

レイキはネガティブな思考や心の傷によっても減退します。セルフヒーリングでネガティブなエネルギーを外に出し、宇宙レイキを取り込むことで、傷つきやすさも解消できます。下に紹介する「インナーチャイルドケア」を並行して行ってもよいでしょう。やがて自分のご機嫌を取れるようになり、長年の心の傷やトラウマも薄皮をはがすように取れていくため、いつまでもクヨクヨしたりしなくなります。

セルフヒーリングを続けることで、「似た周波数の物は引き合う」という物理法則に基づき、よい出来事やよいものと出会いやすい、いわゆる「引き寄せ」の回数が増えたり、直感力が高まったりする人もいるそうです。

人によっては「病気や症状が消えた」「偏頭痛や不妊症、生理不順が改善した」などの体の変化に気づきます。もちろん結果は人それぞれです。体と心の健康のために、ぜひ習慣にしてみましょう。

過去の傷をいたわる「インナーチャイルドケア」

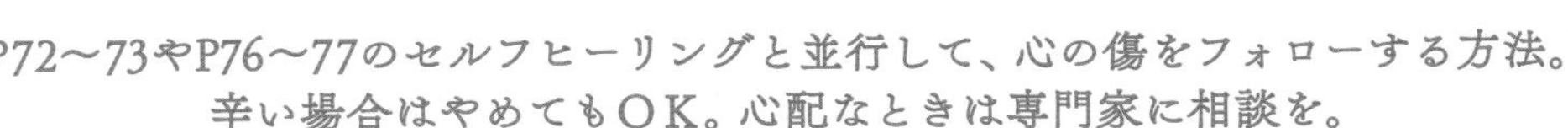

P72〜73やP76〜77のセルフヒーリングと並行して、心の傷をフォローする方法。
辛い場合はやめてもOK。心配なときは専門家に相談を。

1 自分の中に、小さい頃の自分を見つける

過去の心の傷と向き合う元気があるときに行います。まず自分の中の、小さい頃の自分を見つけます。直感的に何歳かを感じてみて。

2 離れたところから俯瞰してみる

小さい頃の自分を俯瞰してみます。どんな様子で、何をしていますか？自分自身の存在とは切り離して見るのがポイントです。

3 言い分を聞いてあげる

小さい頃の自分が辛そうにしていたら、その理由や言い分を聞いてあげましょう。大人の自分として、気持ちを受け止めてあげて。

4 ハグしたり、頭をなでてあげる

小さい頃の自分のそばに行き、「今はもう大丈夫」「不安に思うことはないよ」と声をかけたり、ハグしたり、頭をなでてあげます。

傷つきやすい人におすすめの
セルフヒーリングは次ページへ

TRY

傷ついた心の回復を促す「レイキポジション」

自分をケアすることは、甘えることとは違います。セルフヒーリングで自分をいたわり、大切にすることで、強く優しい自分になれます。

1 第1ポジション 目

自然体で座り、楽に呼吸。手のひらで目を覆い、思考をストップし、感覚を感じて。

2 第2ポジション 側頭部・耳

耳の上あたりに手を当てます。ストレスをキャッチする脳の扁桃体がある場所です。

3 第3ポジション 額・後頭部

頭の中心にレイキを流すようなイメージで、両手のひらで額と後頭部を挟みましょう。

4 第4ポジション 喉

喉に両手を当てて、手の温もりをじっくり味わいます。手は交差させたり、重ねてもＯＫ。

5 第5ポジション 胸・鎖骨の下

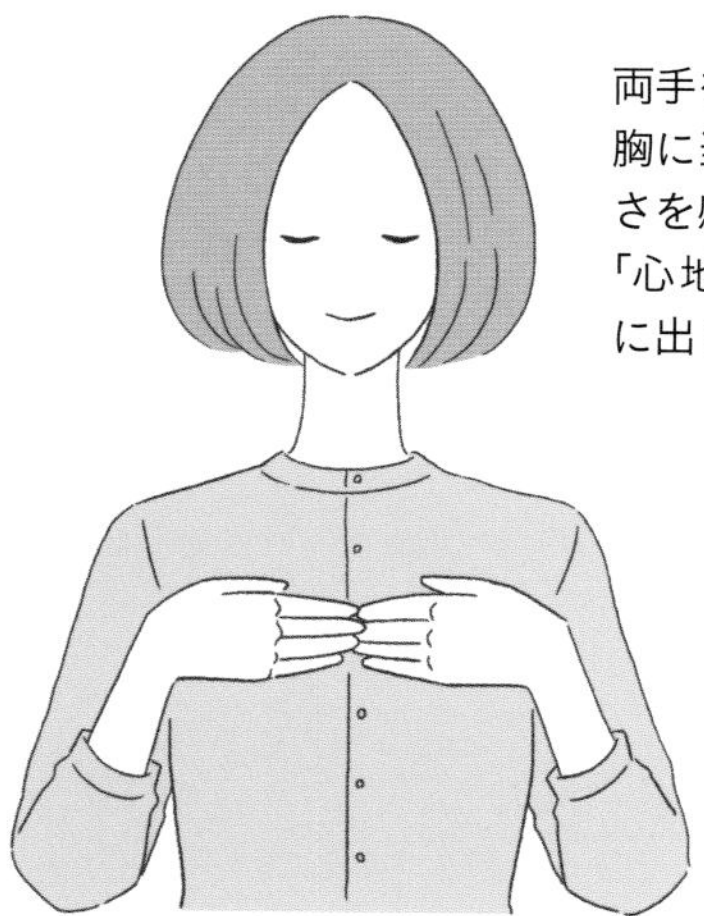

両手を鎖骨の下や胸に当てて、温かさを感じましょう。「心地よい」と口に出しても。

リラックスできる環境で行おう

１人になれて自分がリラックスできる環境なら、場所はどこでもＯＫです。快適な温度に調整し、動きやすく楽にいられる服装で行いましょう。手を当てながら自分の体に「いつもありがとう」と感謝しましょう。

8 第8ポジション 鼠径部（そけい）

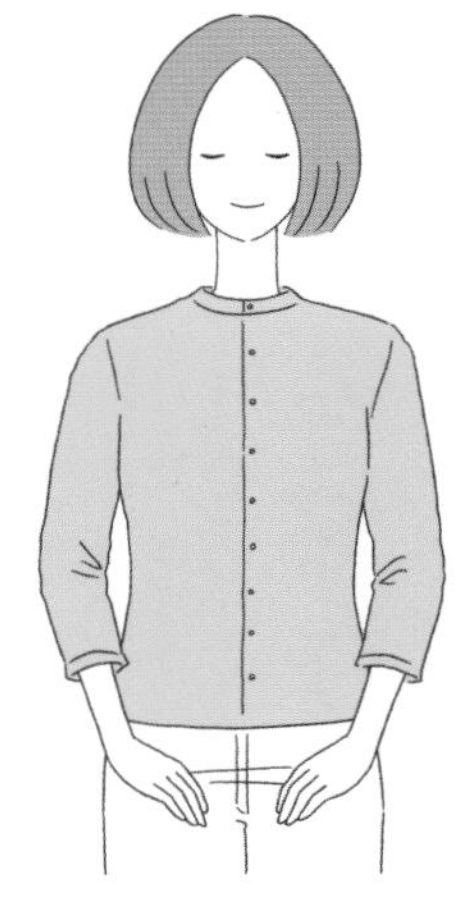

鼠径部に手を当てて、温めます。免疫力アップによく、風邪のひき始めにもおすすめ。

第7ポジション 腸・子宮・丹田

冷えやすい場所でもある腸・子宮・丹田に両手を当てて、ぬくもりをじっくり感じて。

第6ポジション 胃・みぞおち

胃はストレスが溜まりやすい場所。イライラを鎮めるイメージで両手を当てましょう。

11 第11ポジション 腰

腰に手を当ててしっかりと温めます。自分がなすべきことをイメージしてもよい。

第10ポジション 心臓の裏・肩甲骨

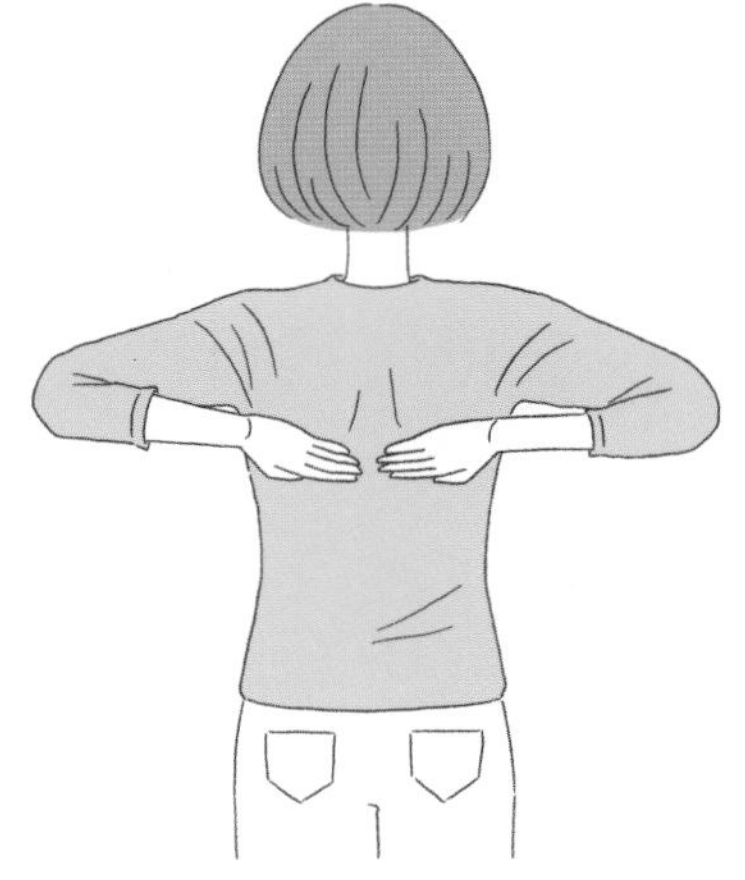

疲れが蓄積しやすい肩甲骨あたりに手を当てます。きついなら抜かしても大丈夫。

第9ポジション 肩

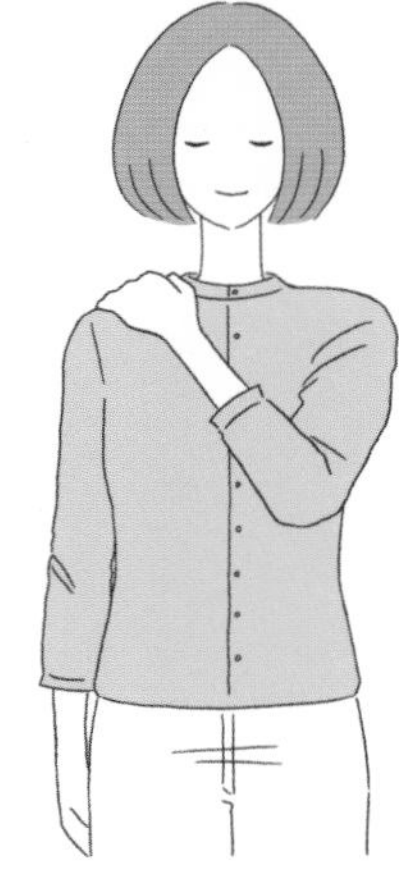

肩に手を当てていたわります。片方ずつでも、両手をクロスして同時に当てても◎。

「癒やそう」と力まないように！

ヒーリング中は、自分ではなく他人の手が当たっている意識を持つと「自分を癒やそう」という力みがなくなり、リラックスして行えます。途中で手がだるくなったらいったん下ろしてから、また続けても大丈夫です。

第12ポジション 仙骨

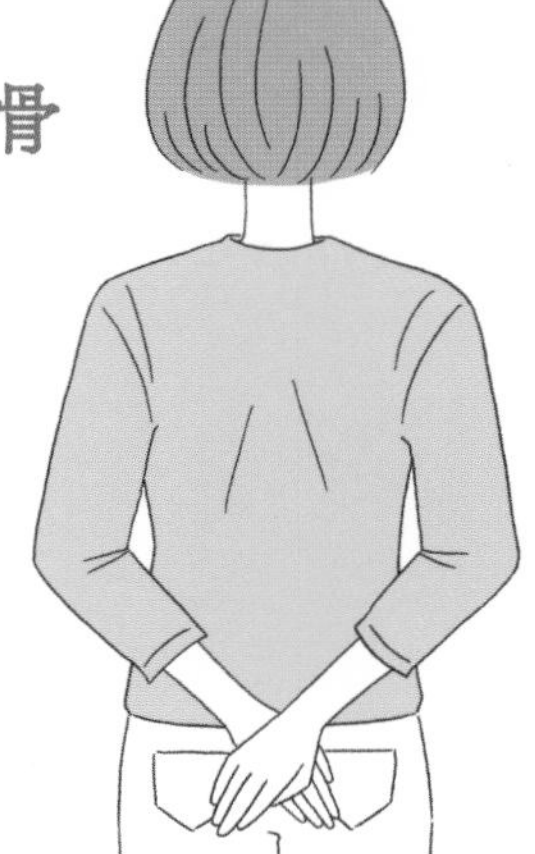

仙骨に手を当て、過去生や先祖に思いをはせて。最後に膝に手を当てて終了です。

幸福へと導く人生の智恵

5つの「囚われの壁」を越えて人生のステージを上げる

壮絶な人生を歩みながら、師・北極老人と出会い、人助けの道を歩むことになった西野ゆきひろさんが、人生を幸福に導くためのポイントを紹介します。

西野ゆきひろ
Yukihiro Nishino

株式会社IYASAKA代表取締役。人間学「タイヘキ（体壁）」の伝道師。16歳で非行に走り、高校中退。暴走族との抗争により、17歳で少年鑑別所へ。以来、裏の世界から抜け出せない日々が続き、地獄を見る。這い上がるべく、インターネットを使ったビジネスで起業し、数年後には借金地獄の生活から奇跡の逆転。ところが依然として心を許せる人は誰一人いない孤独の中、人生の師・北極老人との出会いに導かれ、本物の「あたたかみ」に触れて号泣。闇や地獄を経験したからこそ、残りの人生は人助けに捧げることを決意。現在は「ちっちゃな一善で人生は変わる」をモットーに、登録者5万人超の人気YouTuberとしてファンに愛されている。毎日配信している生放送「ちっちゃな一善ライブ」は300日を越え、現在も新たな記録を伸ばしている。

ちっちゃな一善で人生は変わる

私はいつもYouTubeで「ちっちゃな一善で人生は変わる」とお伝えしています。「一善＝いいこと」をするというのは、誰でもできるようで、実は難しいことでもあります。なぜなら、善悪のモノサシ（何が善で、何が悪か）は、人によってさまざまだからです。例えば、あなたにも、こんなご経験はありませんか？「よかれと思ってやったことが、逆に、相手を傷つけてしまった……」「相手を褒めたつもりが、逆に、怒らせてしまった……」とか。自分にとっての「よいこと」と、相手にとっての「よいこと」が一致していない場合は、多々あります。いわば世界中のあらゆる争いは、このすれ違いによって、起こっているのです。ですから、本当の「一善＝よいこと」をするためには、まず、人それぞれの「価値観の違い」を知らなくてはなりません。実は、人の価値観というのは、次の5つのモノサシによって決定されています。それが「善悪」「好き嫌い」「損得」「勝ち負け」「愛憎（あいぞう）」の5つです。

どの価値観にしても、それが囚われとなって、人生の開運を阻む〝壁〟になってしまっているのです。

例えば、「勝ち負け」の壁に囚われている人は、周りと自分とを比較して、無意識のうちに「自分をよく見せたい」「かっこ悪い自分は見られたくない」という衝動に駆られます。

ですから、自分のほうが優位だと感じるときには、よい気分で過ごせるものの、逆に自分のほうが劣っていると感じるときには、途端に落ち込んだり、イライラしたりしてしまいます。

「負けまい」という思いが自分を不幸にしていた

私自身も、この「勝ち負け」の囚われに、かつて苦しんでいました。メンツばかり気にして、見栄を張ったり、強がったりしてダメなところを隠して生きてきました。ずっと本当の自分を押し殺していたのです。

その反動で、十代の頃から非行に走り、ありとあらゆる悪いことに手を染めてしまったのです。もはや、ここでは書けないような悪行三昧の日々でした。今思えば、「どうせオレなんて、誰からも理解されていない」と、世の中への反発をしていたのだと思います。心から信頼できる人は1人もおらず、家族といても、友人といても、恋人といても、心の底では、ずっとさびしかったのです。

しかし、そんな孤独に戦う私の人生は、ある人物との衝撃的な出会いによって、救われたのです。その人こそ、私の師匠である北極老人です。北極老人は、私が凶暴なオーラで隠していたさびしさを見抜いて、真正面から向き合ってくれました。そして、もう苦しまなくていいよ、といわんばかりのあたたかい言葉で、私を「囚われ」から救い出してくれたのです。その結果、ふだんの会話でも、YouTubeのライブでも、今まで絶対に見せてこなかった自分のみっともないところ、失敗談など、ありのままを話せるようになりました。

人前で自分の弱いところを見せることに抵抗がありましたが、カッコつけることなく、強がることもなく、ありのままをお伝えすることで、見ている視聴者さんからは、「本当に勇気が出ました！」とか「元気になりました！」とか「私も頑張ろうと思えました！」というメッセージをいただけるようになりました。そこで得られる幸せは、今までの「自分のほうが上だ」とか「あいつに勝った」とか、そういう比較から得られる喜びよりも、はるかに大きなものだということを、北極老人から教えてもらったのです。

このように、自分が囚われている価値観や壁を自覚して、越えていくことが、人生のステージを上げていくために必要なことなのです。今回は、その囚われを

人生の開運を阻む5つの壁

愛憎
善悪
損得
勝ち負け
好き嫌い

越えるために大切な3つのポイントをご紹介します。

無形の財産こそ真の豊かさ

1つ目のポイントは、「あえて損をしてみる」ことです。現代の人は、とくに「損得」の価値観で物事を判断しがちです。自分にとってメリットのある人としか付き合わないとか、お金にならない仕事はしないとか、いつも自分が損しないように生きています。ですが、人間関係においては、損な役回りをしたり、縁の下の力持ちになったり、人の面倒を見たりしてあげるからこそ、信頼、友情、絆といった〝無形の財産〟に恵まれるものです。何の得にもならないようなことに、全力を注いだ経験があればこそ、魅力や才能も生まれるものでしょう。ですから、目に見える結果や、自分にとっての「メリット」「コスパ」ばかり気にして生きていたら、内面的な豊かさが失われていってしまうのです。「あえて損してみる」というのは、例えば、今まで「時間がもったいない」と思っていたことほど丁寧にやってみる。「めんどくさいな」と思うことに挑戦してみる、といったような些細なことでも構いません。そうすることで、新たな学びや発見が得られたり、今の自分の可能性を広げていくことができるのです。

好きなことで生きるほど幸せが小さくなる

2つ目のポイントは、「自分では選ばない選択をする」ことです。世の中では、「好きなことで生きていこう」といわれます。しかし、実際のところ、みんながみんな好きなことだけをして生きていったら、この世界は成り立たなくなってしまいます。また、見たいものだけを見るような生き方をしていると、自分の生きている世界がますます狭くなっていきます。今よりも高いステージに進むためには「未知なる世界に一歩を踏み出す」こと。自分の知らない、経験したことのないところにこそ、新たな可能性が存在します。自分では決して選ばないような本を読んでみたり、いつもは通らない道を歩いてみたり、価値観の違う人の意見をあえて取り入れてみましょう。そんな「自分では選ばない選択」が、あなたの人生パターンを劇的に変えてくれます。

部屋を見ればその人がわかる

3つ目のポイントは「空間から心を整える」ことです。実は、自分の「心」と「空間」は繋がっています。心が乱れると、同時に空間も乱れていくのです。逆もしかりで、空間を整えることで、心を整えることができます。例えば、「人から認められないと気がすまない」という過剰な承認欲求の背景には、たいてい、ネガティブな過去が潜んでいます。子どもの頃、誰かにバカにされた。失敗して笑われた。親に愛されなかった。学校の成績が悪くて怒られた。そういった経験を重ねるうちに、「失敗してはいけない」「負けたくない」「バカにされたくない」というネガティブな記憶が、心に固着してしまうのです。それが空間に「乱れ」として表れます。例えば、目に入る場所は綺麗にするけれど、タンスや引き出しの中、冷蔵庫の中、家具の裏側など、見えないところが乱れている人は、人前ではいい顔をするけれど、心の中にネガティブな感情を抱えていたりします。「空間」は「心のうつし鏡」なのです。だからこそ、ネガティブな記憶を綺麗にしていくかのように、空間を掃除していくことで、自分の心に固着している〝囚われ〟が取れていくのです。

タイヘキ（体壁）という叡智で運命を超える

ここまで、囚われ（壁）を越える3つのポイントについてお伝えしましたが、それ以外に、絶対にやってはいけないタブーがあります。それは、「自分だけのモノサシで判断すること」です。最初にお伝えした通り、自分にとっての「よいこと」や「嬉しいこと」でも、周りの人にとって「よいこと」や「嬉しいこと」とは限りません。5つの価値観があり、人によって、モノサシが違うのです。ですから、とにかく「自分にはない価値観を取り入れていく」ことが大切です。それによって自分の人生も、繋がっているみんなの人生も、ステージが上がっていくのです。

私も、こういった価値観の違い、自分自身の囚われ（壁）を知ることによって、劇的に人生が変わった1人です。

それまでは、自分のことすら理解できず、不器用な生き方しかできませんでした。その結果、非行に走り、10代のときには少年鑑別所にお世話になったり、多額の借金を抱えてしまったり、周りの人と揉めてはトラブルを起こしていたのです。それらはすべて、自分の「囚われ」によって引き起こされていたのです。

人生お先真っ暗だった私ですら、幸せになれたのですから、すこし〝自分のモノサシ〟を変えてみるだけで、あなたの人生も絶対によくなります。

今回、ご紹介した「5つの壁」は〝タイヘキ（体壁）〟と呼ばれるものの一部を、分かりやすく解説したものになります。より詳しい内容を知りたい方は、毎日のYouTube配信の中でもお話ししていますので、ぜひ参考にしてみてください。弥栄（いやさか）！

今日からやるべき3つのこと

1 あえて損をしてみる

2 自分では選ばない選択をする

3 空間から心を整える

絶対にやってはいけないタブー

自分だけのモノサシで判断する

人には「善悪」「好き嫌い」「損得」「勝ち負け」「愛憎」の5つの価値観があり、人によってモノサシが異なります。自分にはない新しい価値観を取り入れることで、人生ステージが上がります。

女性性を育む（はぐくむ）ワーク

愛される存在になるために必要なこと

恋愛・婚活コンサルタントとして数多くの人々の恋愛を成就させてきたｍｉｓａ ｍｉｓａさんが、恋愛がうまくいくポイントについてお伝えします。

misa misa

恋愛成就系YouTuber、恋愛・婚活エキスパート、エネルギーアート画家。音楽大学卒業後、ピアノ講師、エアロビクスのインストラクター、ピラティス（北海道第一人者）、エステサロン経営、大手占い会社で満足度1位の経歴を持ち、1万6000人を鑑定。バツイチながら、多数の恋愛経験を持ち、恋愛エキスパートとして多くの恋愛を成就させている。YouTube「恋愛エキスパートmisa misa」、サブチャンネル「超最強の恋愛術」で動画配信中。

男性性から女性性を取り戻す

私は数多くの恋愛の相談を受けてきました。男性に好かれるテクニックは確かに存在しますし、効果的です。ただし、恋愛のテクニックは時代によって変わります。

実は、どんなにすごいテクニックを使っても、自分に自信がなかったり、愛される準備ができていなければ、好きな人とお付き合いすることになっても恋愛はうまくいきません。

今、「心の底から幸せを感じない」「生きている実感がない」と思っている女性がとても増えています。これは、男性性と女性性が関係しています。これまでの時代は、教育から社会制度に至るまで「男性性の理論」で作られていました。これは「戦略」「競争」「計画」「結果」「冷静」「規律」が重要視される社会です。女性もこのような社会で生きてきたために、これらの男性性が優位になり、男性化しているのです。

小さな頃から男の子と一緒に勉強して、よい学校に入り、よい会社に入り、キャリアを積めば幸せになれる、というライフプランを歩んできた人たちは多くいるのではないでしょうか。しかしこのようなライフプランを達成したにもかかわらず、「心の底から幸せではない」と感じる女性は多くいます。

男性性が優位になっても、女性性がなくなったわけではありません。女性性の「感じる力」「自分を愛する力」を十分に使って、心の底から幸せを感じる女性性を育んでいくことで、あなたの人生は変わってくるでしょう。

男性性が強くなっている女性は、もし愛されても不安な気持ちがつきまとう状態がやってきます。不安は人間の標準装備です。危険を察知して回避するために必要な能力であり、ネガティブな要素は人間にとって必要です。ただし、こういう不安＝危機回避能力を恋愛に使う必要はまったくありません。まずは男性性の生き方から女性性の生き方へと変えましょう。

「愛されていい」と許可を与えよう

女性性を育み、自分らしくいるために必要なことは、緊張しないこと、リラックス状態でいることです。緊張していると呼吸が浅くなって、筋肉も硬直して、頭が真っ白になります。これは自分の軸がぶれている状態です。緊張の原因は「他の人からどう見られているか」という意識が働いているからです。自分軸が他人軸になったときに緊張が起こるのです。この他人軸から自分軸に戻る、最短、簡単、効果的な方法が、深呼吸です。深呼吸にもさまざまな種類がありますが、私がおすすめするのは、鼻から4秒吸って、口から8秒吐く、という方法です。これを3セット、つまり、たった36秒行うことで、あなたは緊張状態から自分を取り戻し、魅力的な自分になれます。

深呼吸だけでも効果がありますが、女性性を育む方法があります。それが、「愛されること」を許可するワークです。深呼吸とともにぜひ実践してみてください。ざわざわした感情が湧いてきたら、それは自分が変わろうとしているサインです。女性性スイッチがONとなり、愛される心や波動に変わり、必ず変化が実感できることでしょう。

女性性を育む「愛されること」を許可するワーク

Step1 静かでゆったりとした場所を用意する

１人になってゆったりとリラックスした状態で、落ち着ける場所に座るか寝ている状態がおすすめです。ワークを完璧にやる必要はありません。何となくできたらＯＫです。

Step2 深呼吸を３回する

目を閉じて、鼻から４秒大きく吸い、口から８秒かけて吐きます。ピンクパール色のキラキラとした至福と愛のエネルギーを吸い込むイメージです。そして、体の中にあるもやもやとしたものを口からすべて出すイメージで息を吐きます。そして、全身の力を抜きます。力が入っている場合はその部分を揺すったりして力を抜きましょう。

Step3 「愛されること」を許可する言葉をかける

自分自身に優しく声を出して語りかけてください。「あなたは愛されていい存在なんだよ」「あなたは愛されているんだよ」「あなたは大事にされていい存在なんだよ」「私は幸せになっていい存在なんだよ」「私は無条件で愛されていい存在なんだよ」「私は幸せになっていいんだよ」といった言葉です。最後に「私は愛を受け取ります」と宣言して終わりましょう。

Step4 最後に大きく深呼吸をして、エネルギーを感じる

ゆっくりと大きく深呼吸をして、エネルギーを心ゆくまで感じてください。ワークの終了後に鏡で自分の姿を見てみましょう。きっと今までと違う自分に出会えるはずです。

言葉で現実を変える

「ことだま」を使えば願いが現実化する

あらゆる言葉には「ことだま」が宿っている。このことだまを使うことで、願いを現実化することができます。ことだま鑑定を行っている水蓮さんが、ことだまの力について紹介します。

水蓮
Suiren

ことだま鑑定水蓮流家元、一般社団法人ことだま協会代表理事。名前の持つ音の響きと性格分析を組み合わせた独自の鑑定法「ことだま鑑定®」の創始者。全国で講座や鑑定を行い、日本語の素晴らしさを発信している。最新ZOOM講座「日本神話講座」では、言霊と日本神話を楽しく学べる。主な著書に『つぶやくだけでも運気が上がる！絶対幸運「ことだま」』(KADOKAWA)、『ことだま50音「名前」占い』(ディスカヴァー) などがある。水蓮オフィシャルブログ「ことだまの法則 (https://ameblo.jp/sumumu/)」。

五十音にはそれぞれエネルギーが宿っている

『万葉集』にある山上憶良の歌には「言霊の幸はふ国」という言葉があります。これは言葉が持つ霊的な力＝ことだまによって幸せがもたらされる国という意味です。「こと」は「言」と「事」と書けます。そして「言」には「事」として現実化する力があります。

現代でも結婚式やお葬式では使ってはいけない忌み言葉があります。また受験のときに「滑る」「落ちる」という言葉を使わない風習があります。これは日本人が今でも言葉が現実化する力を持っていることを感覚的にわかっているからです。一音に多くの意味があるのが日本語の特徴です。単音に意味のある言語は世界中にありますが、五十音のすべてに意味があるのはとても珍しいことです。例えば、「ひ」には、「日」「火」「秘」「悲」、さらに古語では「霊」の意味があります。これらの意味がすべて「ひ」の一音に含まれているのです。この五十音のそれぞれには個別の波動（エネルギー）があります。そしてこの単音の組み合わせが言葉になり、より強い力を持ちます。

日本人が感じ取って一音にさまざまな意味を掛け合わせ、さらに漢字、ひらがな、カタカナ、音読み、訓読み、国字（日本でつくられた漢字）、ローマ字、和製英語を日常的に使っています。日本はことだまに満ちた国なのです。

よくことだまは、日本語特有のものなのか、と質問されることがありますが、そういうわけではありません。日本語は五十音に意味があるのでとくにことだまの強い言語ですが、ことだまは人類全体が共有している普遍的なエネルギーです。例えば、世界中で信仰される偉大な神様の名前には、アラー、アポロン、アメン・ラー、アマテラスと「あ」がつくことが多いのです。「あ」は日本語では「明ける」「朝」「赤ちゃん」など、新しいもの、開いていくものに多く使われますが、世界的にも明るさをイメージさせる音です。

こういった人類が持つ音に対する共通のイメージを音象学（サウンドシンボリ

ズム）といいます。例えば、「き」という音は尖っているイメージ、「み」の音は柔らかいイメージは世界共通のものです。そのため、「き」は男性名に多く、「み」は女性名に多くあります。日本神話でも神々を産んだ夫婦神はイザナキ（男神）とイザナミ（女神）という名前です。

集合意識によってことだまの影響力が変わる

五十音にはそれぞれ固有の波動がありますが、ことだまには、私たちの意識のエネルギーも強く働いています。例えば「ありがとう」という言葉は、相手に感謝する言葉として毎日膨大な数が発せられています。世界的な規模でこの言葉の意味が共有され、使われていることで「ありがとう」は、とても強いエネルギーを持ったことだまになっています。多くの人が共有する意識のことを、心理学者のユングは「集合的無意識」と呼びました。この集合意識が働くことだまは強いことだまということになります。

そのため、新しくできた言葉は集合意

ことだまが持つ力

一音一音に固有の波動（エネルギー）が宿っている！

50音は、火水風地空の５つの元素の属性に分かれ、さらにそれぞれの音には個性があり、その音が持つ力があります。日本語は一音に多義が含まれています。そして、この多義の性質が一音に込められています。これが一音ごとにある固有の波動になります。

日本語の特徴である一音多義

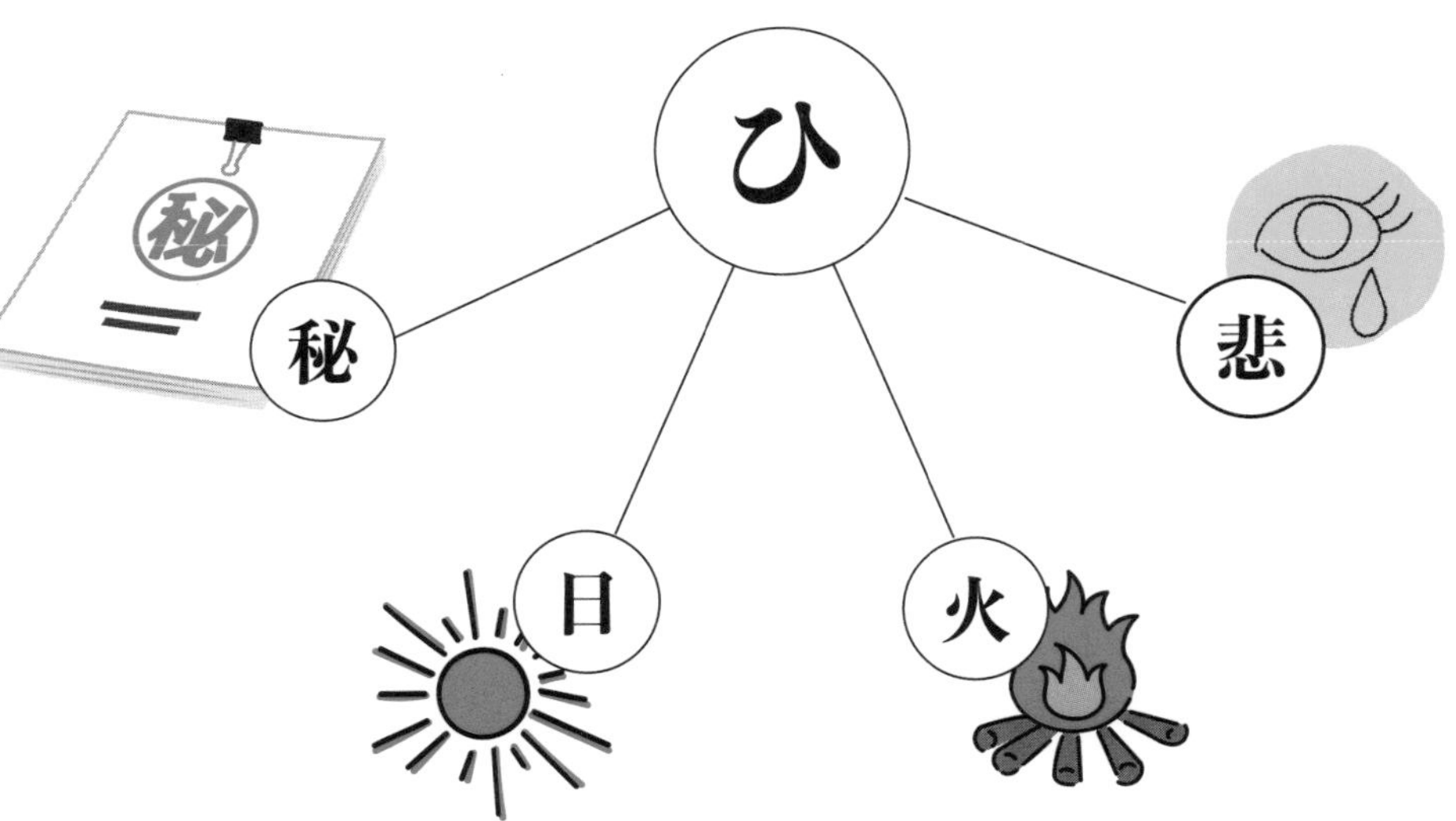

発した言葉には現実化する力がある！

「言」＝「事」であり、口に出した瞬間に「事」が起きます。一音ごとに宿る波動がひとかたまりになった「言葉」は各エネルギーの相乗効果によって、「言」を「事」として現実化する力があります。よい言葉は「祝い」に、悪い言葉は「呪い」となります。

言葉は意識で作られていく！

多くの人が使う言葉には多くの人の意識が宿り、強いことだまを生み出します。「かわいい（KAWAII）」といった世界的に認知された言葉は、スター級のことだまです。反対に「死にたい」といった言葉はネガティブな集合意識にアクセスしてしまうために、魂を弱らせる働きをしてしまいます。

識の領域が少なく、影響も少ないのですが、長く使われている言葉は、集合意識の領域が広く深いため、大きな影響をもたらすことだまになります。ですから、英語であっても「サンキュー」「ハッピー」といった言葉の影響は大きいですが、新しく生まれた言葉は影響が少ないことになります。

たましい・心・体がひとつになったときにことだまの力が発揮される

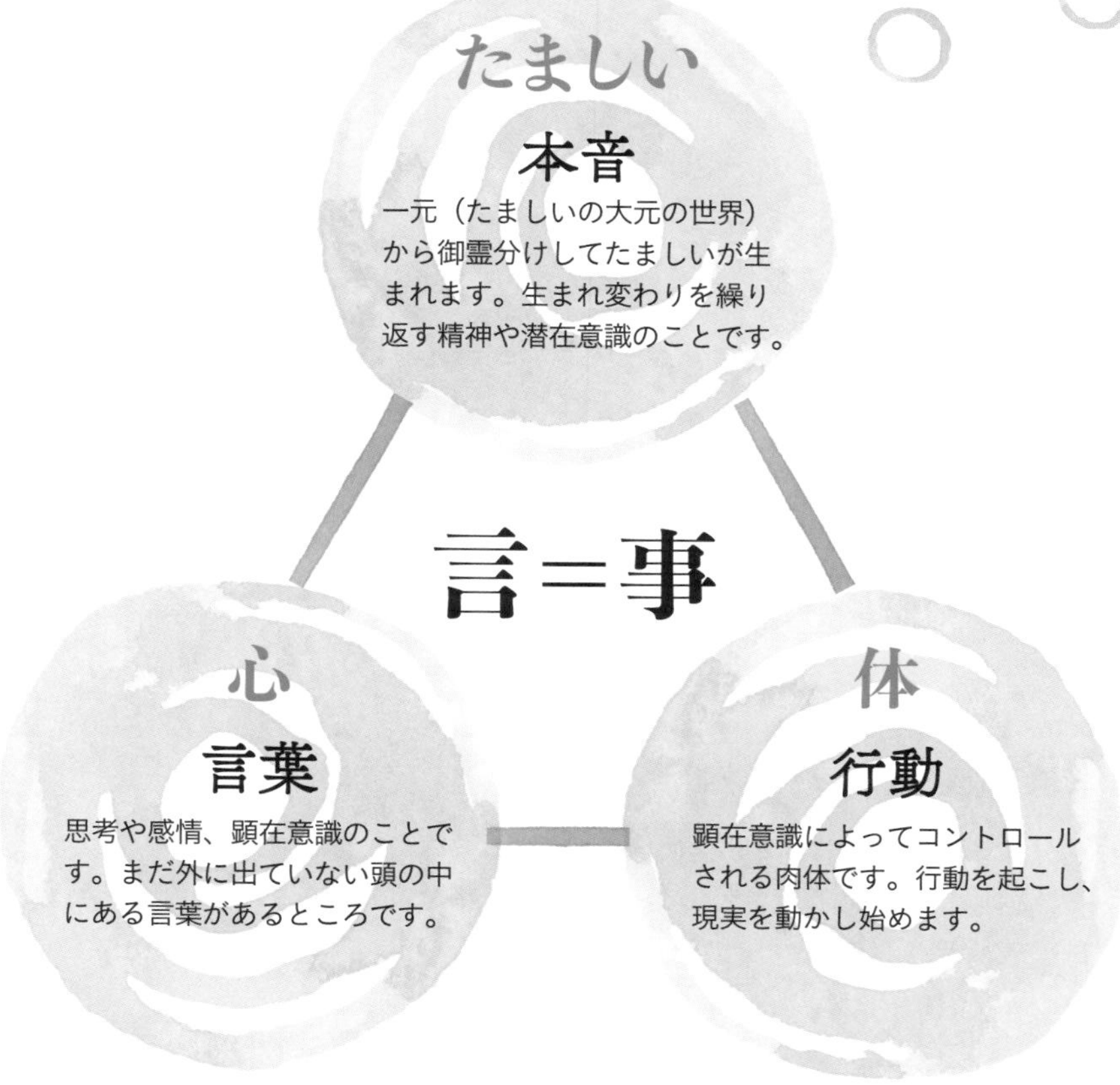

たましい
本音
一元（たましいの大元の世界）から御霊分けしてたましいが生まれます。生まれ変わりを繰り返す精神や潜在意識のことです。

言＝事

心
言葉
思考や感情、顕在意識のことです。まだ外に出ていない頭の中にある言葉があるところです。

体
行動
顕在意識によってコントロールされる肉体です。行動を起こし、現実を動かし始めます。

知っておきたい 三位一体（さんみいったい）の仕組み

ことだまを使ううえで知っておいていただきたいのは、「三位一体の仕組み」です。私たち人間は、「たましい」「心」「体」の3つの要素があります。「たましい」は、もともとあった「たましいの大元の世界」の一部が「御霊分け（みたまわけ）」として離れたもので、死ぬことでまた大元の世界に戻ります。「心」はあなたが思考したり、喜んだり怒ったりしている意識のことです。そして、「体」はたましいと心の器です。この「たましい」で感じていること（本音）が、「心」で言語化され、「体」によって行動することで、現実が動きます。この「たましい」「心」「体」の3つが一体になるときに、「言」は「事」になるのです。ですから、まずあなたの「たましい」の本音を知り、「心」で明確な願い事へと言語化し、「体」で行動する、という3つが一体となったとき、あなたの願いは現実化します。この現実化を力強くサポートするのがことだまなのです。

ことだまを使ううえで注意しなくてはいけないことがあります。ことだまは音だけに限りません。例えば、SNSでは文字が主体となりますが、文字も、ことだまの一種です。

文字にするというのは、行動です。心に思ったことだまを、文字化するという行動で現実化しているのです。これにはよい面と、悪い面があります。文字化することでことだまの力が強まるために、時としてそのことだまの力に縛られてしまうことがあるからです。社会学者のハワード・S・ベッカーはこのことを「ラベリング」と呼びました。「あなたはこういう人だ」「こうする人だ」というラベルを貼られることで、そのような行動をとってしまうことを指します。ですから、あえて文字化せずに、その場の状況に応じて柔軟に行動を変化したほうがうまくいく場合と、文字化してことだまの力を強くしたほうがよい場合があり、臨機応変に使い分けることが大切です。

氏名は使命
名前は最強のことだま

五十音のことだまの詳しい解説は、ここでは難しいため、毎日使えることだまについてお伝えしたいと思います。世界共通の最強のことだまは、あなた自身のお名前です。日本の神様は、その役割や仕事が名前となっています。ことだまの世界には「同音・同根」という考え方があり、あなたの氏名も、神様の名前と同じように使命（重要な働き）を表していると考えられるのです。

古代エジプトでも名前はとても大事にされていました。例えば、王様に逆らった人などは死後にお墓に記された名前を変えられてしまいます。古代エジプトでは、死後の世界を重要視していましたから、名前を取られてしまうと死後の世界の自分がなくなってしまいます。また日本でもかつては、高貴な人や女性の名前を口にすることは避けられていました。名前には、その人の人生を左右する、その人そのもののことだまが宿っていると考えられたからです。

もちろん、私たちの名前が、神様の名前のように直接的に役割や仕事をあらわすことは少ないのですが……。しかし、そこには目に見えない使命が、ことだまとして宿っているのです。そのため、自分の名前を愛情を持って呼ぶ、あるいは大切な人から呼んでもらうことで、あなたの使命を果たす力が強まるのです。

ことだまは誰でも行える開運術です。そしてことだまを意識することで、あなたの行動、あなたの現実は確実に変わっていきます。ぜひ日常生活の中でことだまを意識してみてください。

人生を幸運に導く3つのことだま

名前

あなたが持つ最強のことだま

名前は、使命・才能にリンクすることだまです。愛情を込めて名前を呼ばれることで、エネルギーが注入されます。元気を出したいときには、自分の名を入れて「〇〇最高！」「よくやっているね」など自分に声かけするのも効果的です。また、あなたが愛情を込めて人の名前を呼べば相手の才能を活性化させることができ、双方向の循環で開運していきます。

「ひとやすみ、ひとやすみ」

ONからOFFに切り替えることだま

日本人は休むことに罪悪感を感じ、休むことが苦手です。しかし、日々の暮らしや人生には休む時間が必要です。このことだまは、リラックス効果を高め、しっかりと体を休ませるように自分に許可を出す作用があります。

「おかげさま」

あなたを守護してくれることだま

おかげさまの「蔭」とは、神仏などの偉大なものの影であり、その「庇護」を受ける意味があります。「おかげさま」と口に出すことは、感謝の気持ちを伝えるとともに、神仏、ご先祖さまなどの守護を受け取るきっかけにもなります。

世界最古の成功哲学

ヨガが発見した宇宙の法則で人生を成功に導く

約5000年前に生まれたヨガは、この世界の成り立ちから世界最古ともいえる成功法則を発見。世界各地でヨガを学んだ細江たかゆきさんがヨガの歴史と智恵を伝授します。

ヨガの教え

1 世界のあらゆるものは「ブラフマン」から生まれ繋がっている

2 私たちの中にも宇宙の始まりと繋がる「最高の自分」がいる

3 宇宙の法則は「調和」である

ヨガの教えとは最高の自分と繋がること

ヨガというとエクササイズのイメージがあるかもしれませんが、その歴史は古く記録として確実に残っているだけでも5000年前にさかのぼります。ヨガとは「繋がる」という意味です。では、何と繋がるのか。私は、「自分の中にある最高の自分と繋がる」と解釈しています。

ヨガは古代インドで行者たちが瞑想して、精神をトランス状態にして、宇宙や神様からメッセージを受け取ったり、インスピレーションを得ました。こうしたメッセージをまとめられたのが、約5000年前に成立したヨガの聖典「リグ・ヴェーダ讃歌」です。その中の「宇宙の始まりの歌」によると、まず宇宙の始まりは、有もないし無もない。実態が全くない状態なのですが、すべての源となる無限のエネルギーが存在していました。実態はないがすべてがひとつの状態をブラフマンと呼び、そこに心が生まれました。「存在したい」「生きたい」という欲望が生まれたのです。この欲望が熱を生み出し、この熱がビッグバンを生み出すパワーになりました。そして、ビッ

細江たかゆき

Takayuki Hosoe

ヨガ・シャラ瞑想ヨガスタジオ代表。バリ島で出会ったスピリチュアルなヨガに夢中になったのをきっかけに、Vibrant Living Yoga、ヴィヴェーカナンダヨーガケンドラYIC、Dharma Yoga等様々なスタイルのヨガ指導資格のトレーニングに参加。その後、超心理学者でヨガ研究の大家、故本山博氏の直弟子で、クリアヨギーでもある塚本望氏に長年師事し、瞑想ヨガの真髄を学ぶ。YouTubeチャンネル「ヨガ・シャラ細江たかゆき」で動画配信中。

ヨガが教えてくれる世界の成り立ち

グバンから地水火風空の５つの要素が生み出されました。この地水火風空の５つのエネルギーが私たちの願いを現実化する源になります。

このブラフマンが宇宙となり、地球となり、自然となり、私たち人間になりました。宇宙を創造したもの自体が変化してこの世界となったのです。つまり私たち自身も神様の一部なのです。この私たちの中の神様＝最高の自分と繋がることであらゆる苦しみがなくなるとするのがヨガです。

あらゆるものが調和する宇宙の法則

私は現在、ヨガインストラクターの養成講座を主宰していますが、ヨガの歴史、思想部分も教えています。なぜならば、私はヨガが世界最古の成功法則だと考えているからです。

ヨガはもともと願望を叶えるために生まれたことを述べました。この願望を叶える儀式の中で発見されたことがあります、それがカルマです。

カルマとは「よいことをすればよいこととして返ってくる。悪いことをすれば悪いことが返ってくる」という因果応報の法則のことです。

　願望を叶える儀式では、宇宙の法則に基づいた正しい儀式でなければ、正しい結果は得られないということがわかりました。さらに正しい儀式だけでなく、日常の行いでも宇宙の法則に基づいた正しい行いをすればよいことが起きるし、宇宙の法則に反していれば悪いことが起きることがわかったのです。

　では宇宙の法則に基づいた正しい行いとは何か。それは「調和」です。この世の中はあらゆるものがブラフマンから生まれました。すべてはブラフマンの一部であり、助け合って支え合って一体となっています。私たちは、宇宙がなければ生まれてくることもありませんし、地球に支えられ、自然に支えられ、親や仲間に支えられ、目に見えない多くのものに支えられています。自分1人だけで存在する人などいないわけです。だから正しい行いというのは、調和なのです。日々の暮らしの中で、自然や周りの人と調和する選択をしていくことが、宇宙の法則に則った行動であり、幸福へと導いてくれるのです。

　この調和を実践するために、カルマ・ヨガというものがあります。ヨガは単なるエクササイズではなく、人々を幸福に導く智恵の結晶ともいえるものです。ぜひヨガの智恵を取り入れ、あらゆるものと調和する人生を歩んでほしいと思います。

苦しみからの解放を目指したヨガの歴史

祭壇による願望成就の儀式

宇宙のミニチュア版の祭壇（５つの元素「地水火風空」を表した５段の祭壇）を作り儀式を行いました。そして願いが叶わなかった古い宇宙である祭壇を壊し、宇宙をリセットしました。

お寺の誕生

大規模な祭壇は徐々にコンパクトになっていき、やがて祭壇を壊さない寺院が誕生しました。真言密教の寺院にある五輪塔は宇宙のミニチュア版の祭壇が原型となっています。

体を使ったヨガの誕生

自らの体を宇宙のミニチュア版の祭壇や寺院と見立てて、体を使った儀式を行うようになり、ヨガの源流となりました。

止のヨガの誕生

宇宙が心・欲望によって生まれたため、瞑想によって心の動きを止めることで、宇宙の始まりの前に戻ることを目指したヨガが誕生しました。これに最初に成功したのがお釈迦様です。

火のヨガの誕生

自らの体の中にある宇宙を創造したエネルギーを持つ火を利用して、宇宙の始まりの前の状態に戻ることを目指すヨガが誕生しました。これが現在世界中で行われている、体を使ったヨガです。

日常生活で実践できるカルマ・ヨガ

カルマ・ヨガとは、「結果や見返りを求めずに目の前のことを一生懸命やる」という教えです。

私たちの社会は常に結果や見返りが求められます。しかし、結果や見返りを求めると自分だけの幸せを求めるエゴが生まれてしまいます。すると調和という宇宙の法則と異なる行動を取ってしまうことになります。結果や見返りを求めずに目の前のことを一生懸命にやれば、エゴを手放すことができるのです。

結果や見返りを求めないということは、「好き・嫌い」「都合がよい・悪い」「得する・損する」といったことで判断しないで一生懸命に行うことです。

このカルマ・ヨガはどんな世界・業界でも成功するための大きなポイントだと考えています。例えば、ビジネスで成功した人のほとんどは、利己ではなく利他の精神を説いています。これは単なるきれいごとではなく、エゴを手放し、周囲と調和する宇宙の法則と合致するものです。

「カルマ・ヨガ」＝「目の前のことに一心不乱に取り組むこと」

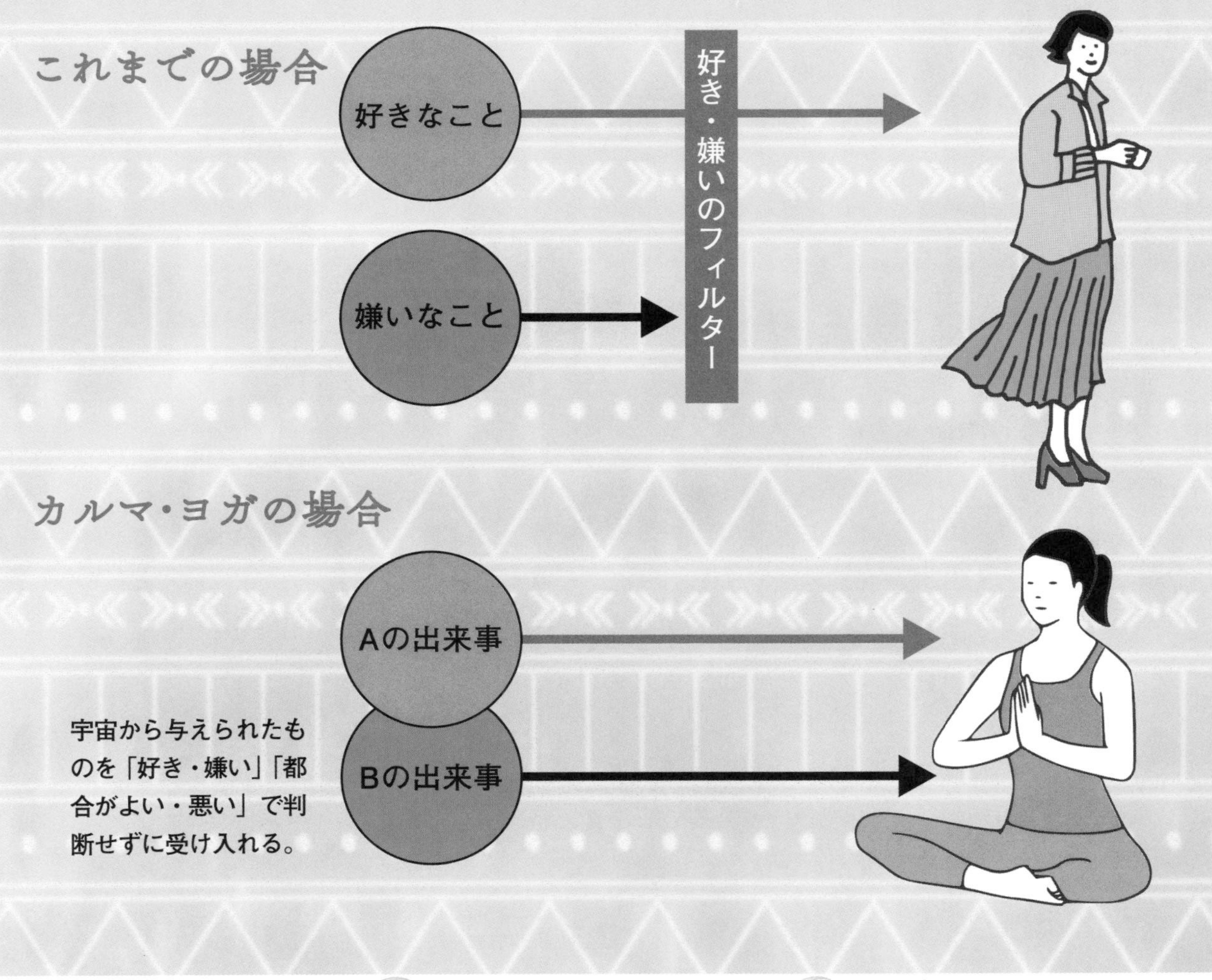

生きづらさを感じるあなたのために！

お金の本質を知って巡りをよくし、財布を潤す方法

「貯蓄がなく不安」「使うことに罪悪感がある」など、お金について悩んでいませんか。生きづらい人にヒントを伝えているearth_cosmos2016さんが、お金と楽に付き合い、豊かになる方法を紹介します。

erath_cosmos2016さんの最大のミッション

住みやすい環境にすること

1 お金に対する恐怖心がない

2 明るい未来にフォーカスできる

3 お金がエネルギーとして循環する

4 自分も周りの人も幸せにする

5 地球を「愛と調和」で満たす

earth_cosmos2016

「地球環境を誰もが住みやすい循環のエネルギーで満たすこと」をミッションにYouTubeチャンネル「地球に生まれた宇宙人へ」を開設。生きづらさを感じる「地球に生まれた宇宙人」に向け、楽に生きるためのヒントを伝えている。

お金についての悩みは実は思い込みのせい！

この時代に生きづらいと感じる人たちの共通の悩みのひとつが「お金」にまつわることです。

「お金があれば幸せ」「ないと不幸」というのは、実は思い込みなのです。お金持ちでも「まだまだ足りない」という人はいますし、お金があまりなくても幸せそうな人はいますよね。こうしたお金に関する思い込みを解消するためには、普段は気づきにくいお金の本質を理解し、お金に対する意識や行動を変えていくことが必要なのです。詳しい方法は次ページから。実践して人生を豊かにしていきましょう！

STEP1 お金の本質を知る

お金に関する不安やネガティブな気持ちは、
親からの刷り込みや社会のシステムのせいかも。お金に関する思い込みを手放しましょう。

お金への罪悪感は「親の刷り込み」と理解する

お金に嫌悪感があるとか、やたら貯蓄にこだわるのは親の価値観のせいかも。高度成長、バブル、バブル崩壊などお金に振り回される時代を経験した親は、お金への思い込みが強く、子どもも影響されがちです。

「交換」と「貯蓄」を分けて考える

お金はものやサービスと交換するためのエネルギーで、循環させるのが自然。一方貯蓄は恐れや不安の表れともいえます。「お金持ちになりたい」「お金で何でもできる」というエゴや傲慢さを助長することも。

古い社会システムの崩壊に気づく

過去には権利を持つ大組織や土地を持つ人にお金が集まっていましたが、これからは人から信頼され、課題を解決する力や環境を循環させる力、自分を信頼する力などを持つ人やグループにお金が集まる時代です。

金融業界のルールに流されない

預金、ローン、保険は不安を和らげてくれますが「お金で不安をフォローする」前提条件から、自分自身には価値がないと感じることも。ストレスでお酒を飲んだり嫌々働くなど負のサイクルに陥らないように！

POINT

目的ある貯金はもちろんOK！

むやみに貯め込もうとする貯蓄と、自分への投資や子どもの教育費、欲しいものを買うための貯金は違います。お金を有効活用したいという気持ちからの貯金は自然なことです。

お金は「喜びと交換するエネルギー」と理解しよう

そもそもお金は、ものやサービスなどと交換するためのエネルギーを数値化したもの。社会のシステムや親からの刷り込みに囚われていると、こうしたお金の本質に気づかず「とにかく貯蓄しなければ」「高いものを買うのはよくない」などと考え、お金に振り回されてしまうのです。

もちろん具体的な目的があっての貯金ならしたほうがよいけれど、何となく不安のために貯め込んでいると不安が大きくなるばかりです。

すぐには納得できないかもしれませんが、お金は自分が欲しいもの、つまり喜びと交換できるエネルギーであることを毎日腹に落とし、理解すると楽になります。今、地球でお金と交換されているものの多くは、石油、ガスなど太陽からのエネルギーやそれによって作られたもの。太陽は毎日必ず一定量降り注ぎますから、実はそれだけでも私たちの生活は何ひとつ不自由なく回るのです。

STEP2

お金の意識を変える

時代の変化に合わせて、お金の意識もアップデート！
暗く重たかったお金のイメージを、明るく軽いものに変えていきましょう。

未来の財布に明るいお金が入っているイメージをする

自分の財布に重くて暗いイメージがあるなら、社会のルールや親からのお金の「常識」に囚われているせいかも。「財布は未来のためのもの。人生を明るくしてくれるお金が入っている」というイメージに書き換えて。

お金の軽やかなエネルギーと戯れる気持ちを持つこと

お金を持つことに罪悪感を持ったり、貯め込んだりする考え方は、過去のあり方。これからは、お金は「交換するための軽やかなエネルギー」ととらえ、一緒に楽しく戯れるように付き合っていきましょう。

お金そのものよりその先のビジョンを大切に

お金を持つこと自体を目的にすると、お金は巡ってきません。お金を手にした先の目的を明確に。世の中をよくするビジョンを描き、それに役立つものにお金を払い、循環させれば自然と自分にもお金が巡ってきます。

毎日財布の中身を出して、新鮮な空気を入れてケア

未来のために潤うお財布は、重苦しいイメージを嫌うもの。毎日家に帰ったら財布の中身を出して、新鮮な空気をたくさん入れましょう。財布のエネルギーが高まることで、より多くのお金を呼び込み、潤うように！

暗い印象のカードなどは抜き出して整理整頓を

貯め込むイメージの強いポイントカードや、暗いイメージのクレジットカード。とくに普段使っていないものは財布から抜いておきましょう。不要なものを出すことで、軽く明るいエネルギーのお金が入ってきやすくなります。

お金が喜ぶ使い方、稼ぎ方を考え、実践しよう

お金には「交換」と「貯蓄」の要素がありますが、これからの時代はどんどん「交換」に使われるようになっていきます。

過去には土地を持つ人や権利を持つ大組織にお金が集まっていましたが、その仕組みは崩壊しています。クラウドファンディングが広まっていることからもわかりますが、今は一人ひとりが、自分が信頼し価値を感じるものやサービスにお金を払うことでリターンを得て、さらにお金を循環させていく時代です。

まずは買い物の仕方を変えてみましょう。今まではお金がなくなることを気にして、大量生産された安いものばかり選んでいたなら、有機栽培の食材で作られた体によい食事や、好きな職人さんが作った雑貨など、本当に好きなものを無理のない範囲で買ってみましょう。充足感が得られ、信用している企業や人も潤う、循環の喜びを感じられるでしょう。

STEP3

お金の流れを変える

消費や仕事のスタイルを変え、明るいエネルギーのお金を出し入れすれば、身の回りの環境もよくなり、豊かに生きやすくなります。

基準通貨を作って払う価値があるか検討

自分だけの「基準通貨」を作りましょう。映画1回、スイーツ1つなど好きなものの価格を覚えておけば、買い物のときに「映画◯回分の価値があるかな」と比べて自分が豊かになるほうを選択でき、無駄遣いも減ります。

自分が価値を感じるものやサービスに払う

「安いから」「好みじゃないけどセールだから」と信用できないものにお金を払うと、自分の信用もダウン、お金の巡りが悪くなります。心から欲しいもの、素晴らしいと感じるものに使い、好きなもので自分を満たして。

お金をうまく流している人と仲良くなる

自分の価値を売り、稼いだお金をうまく循環させて、世の中をよくするために活動する人は増えています。そうした人を応援したり、できれば直接話を聞いてみると、お金の巡りをよくするヒントが得られるはず。

社会を俯瞰する行動でお金の不安を克服する

社会全体を俯瞰すれば、将来のお金への不安も解消。例えば、野菜など食べられる植物を育てると、植物のエネルギーを感じられ「貯蓄や年金で暮らさなければ」という常識とは別の道が見えてきます。

自分の時間ではなく価値を売る仕事を

お金をもらうために我慢して働くのではなく、自分の能力を仕事にきちんと還元することを意識。世の中への貢献度が高まり、収入にもそれが反映されていきます。自分の時間を売るのではなく、自分の価値を売りましょう。

お金が循環していく気持ちよさを覚えたら、自分自身の働き方も見直してみましょう。

まずは自分の個性やスキル、未来をどう描いているのかなどを発信し、周囲に伝えていくことで、信用を高めていきましょう。同時に自分自身の価値を磨いていくことも大切です。これからの時代は信用と合わせて「自己を信頼する力」「課題を解決する力」「環境を循環させる力」を持っている人がお金を稼げるようになります。3つのうち、ピンとくる力を伸ばしていきましょう。

例えば「課題を解決する力」が高い人なら、身近な人の相談に乗ってお金を得ることができるかもしれません。副業からでも始めてみては。

お金にまつわる意識や行動を前向きで明るいものに変えていくことで、自然とお金の巡りがよくなり財布が潤い、自分も周囲も豊かになるのです。広く社会に浸透していけば、全体の幸福度も上がり、みんなが豊かな世界になるはず。1人でも実践する人が増えることを願っています。

波動を変えれば人生が変わる

波動の法則で あなたの願いが実現する

現実も、人間も、出来事も、あらゆるものは同じ波動にのみ共鳴します。波動を変えれば人生自体が変わってくる——。桑名正典氏さんが波動の法則を紹介します。

桑名正典
Kuwana Masanori

株式会社パーソンズリンク代表取締役、経営コンサルタント、波動コンサルタント。「波動を整えて開運するエネルギーワークの会」「波動倶楽部」などを主宰。株式会社コベルコ科研にて、研究者として環境分析、化学分析、材料分析などに携わる。現在は波動とメンタルをベースにビジネスアカデミーなどを展開。YouTube「波動チャンネル」で波動の使い方を配信中。主な著書に『波動が変わる！あなたが変わる！人生が変わる！』（アールズ出版）、『1日1分開運ルーティン』（WAVE出版）、『ミリオネア・バイブレーション』（ヒカルランド）などがある。

誰もが持つ波動の性質

波動とは、オーラのような抽象的な概念ではなく、現実に存在します。波動とは、物理学や科学、現代では量子力学、量子化学の分野で研究されているものです。詳しい解説は省きますが、この物理学の法則は、私たちの体や人生にも当てはまります。そして、この波動の性質を知り、コントロールすることで人生を幸福に導くことができます。

波動には「強い・弱い」、「高い・低い」という2つの指標があります。波動の強弱は、影響力の大きさに関係します。波動が強い人は影響力が大きく、反対に波動が弱い人の影響力は小さくなります。

世界は、波動が強い人が弱い人に影響を及ぼす構造になっています。波動の高低は心地よさに関係します。高い波動は空気が軽く、爽快で気持ちがよい波動です。心がきれいで優しい人は高い波動を持っています。低い波動は空気が重く、刺すような感覚があり居心地が悪い波動です。乱暴で意地汚い人は低い波動を持っています。この波動の強弱と高低で、人は4つに分類できます。

あなたと同じ波動の現実だけが見える

ではなぜ波動が人々に影響を与えたり、心地よさを感じさせたりするのでしょうか。それは、波動は「共鳴現象」を引き起こすからです。共鳴現象は「同じ波動のもの同士が響き合う現象」のことです。例えば、空気の振動である音波の場合、音波を同じ振動数の物体にぶつけると物体も振動します。このため、声によってワイングラスを割るといったことも可能です。よく「類は友を呼ぶ」といいますが、人生では似たような波動を持った人に会うようになっています。

波動が影響を与えるのは人だけではありません。情報もまた固有の振動を持っています。この情報というのは、同時並行的に存在するさまざまな「現実」のことです。「現実はひとつではないの？」と思われるかもしれませんが、現実はひとつではなく、ありとあらゆる現実は同時並行的に存在しています。例えば、「幸せな現実」も「幸せではない現実」も同時に存在しているのです。もし、あなたが「幸せではない現実」を生きているとしたら、それは今のあなたの波動が、「幸せではない現実」と共鳴しているためです。

この世界には、あなたと異なる波動を持った人や情報が存在しています。しかし、自分と波動が異なれば、それらの人や情報に接触することはありません。ですから、波動を変えれば、あなたが今まで見えてこなかった人や情報が共鳴現象によって見えてきて、これまでと違う現実が見えてくるのです。

波動でわかる4つのタイプ

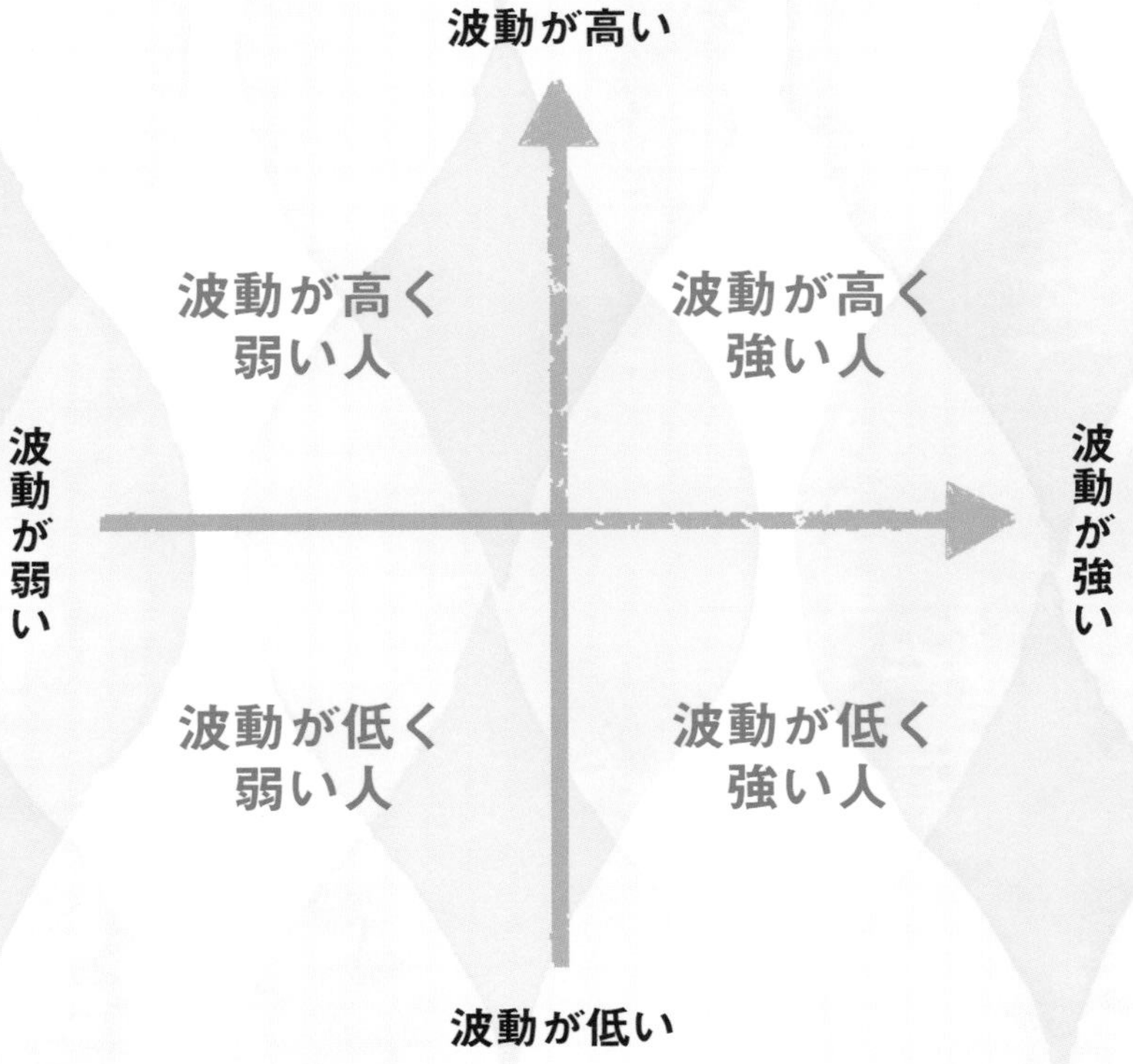

波動が高い

	波動が弱い	波動が強い
波動が高い	波動が高く弱い人	波動が高く強い人
波動が低い	波動が低く弱い人	波動が低く強い人

波動が低い

エネルギー量 大 ＝波動が強い
エネルギー量 小 ＝波動が弱い
エネルギー状態 ＋ ＝波動が高い
エネルギー状態 ー ＝波動が低い

波動を簡単に変える3つの方法

それでは、自分の波動を変える方法を紹介しましょう。仏教には「身口意（しんくい）」という言葉があり、これらを変えると人生が変化するとされます。これらをわかりやすくすると、「身」＝行動や身のこなし、「口」＝口癖、「意」＝思考や意識していること、となります。これら3つを変えれば波動が変わります。その方法はさまざまですが、詳しくは拙著『波動が変わる！あなたが変わる！人生が変わる！』（アールズ出版）をご参照ください。ここでは、誰でもすぐに始められる波動を変える方法を紹介しましょう。

「身」を変えるために最も簡単な方法はお金を使う方法です。お金にはエネルギーがあります。お金がたくさん集まるとそれだけでエネルギーが大きくなります。そのため、「高価なモノを身に着ける」だけで波動を強くすることができます。お金持ちは、高価なモノをメンテナンスしながら長く使います。例えば、高級時計は2年に1度くらいオーバーホールします。30万円で買った時計を5万円でオーバーホールした場合、35万円分の波動が宿ることになり、長く使えば使うほど強い波動が宿るのです、波動が強くなるからと無理して高価なモノを買う必要はありません、今の自分のできる範囲で、まずは1つ高価なものを身に着けるようにしてみてください。

次に「口」です。私たちの波動は使う言葉に大きな影響を受けます。例えば、「疲れた」というと脳がその言葉を受け取り、（実際にはそれほど疲れていなくても）脳が疲れた状態を作り出してしまいます。そのため「辛い」と口に出すとより「辛い」状態が生まれてしまいます。

では「辛い」状態のときに「楽しい」と口に出せばいいかというとそうではありません。実感している「辛さ」に嘘をついて「楽しい」というと、「辛い」感情のエネルギーが身体に溜まり、波動を下げてしまいます。実践してほしいことは、①普段言っていないプラスの言葉を実際に口に出す、②マイナスの言葉に言葉をつけ足す、ことです。

例えば、レストランやカフェで店員に「ありがとう」と思ったならば、思うだけではなく口に出すことです。また「ダメだ」というマイナスの言葉を言った際には「今回はダメだっただけ」という言葉をつけ足しましょう。マイナス言葉には自分が納得いく内容の言葉をつけ足すと効果的です。

最後に「意」です。波動が高い自分をイメージしましょう。言葉同様にイメージも波動に影響を与えます。私たちが何かを見る際に脳は目から入った映像を網膜に映し出し、現実として反応します。ここで大切なことは、あくまでも「網膜に映った映像」を脳が現実として認識している点です。あなたがイメージしたことは現実と同じように網膜に映し出されますから、脳はイメージも現実として解釈するのです。「自分はこうなんだ」という映像をイメージすることで、波動が高くなり、仕事や日常でのパフォーマンスも変わります。

お金を使って、エネルギー状態を変える

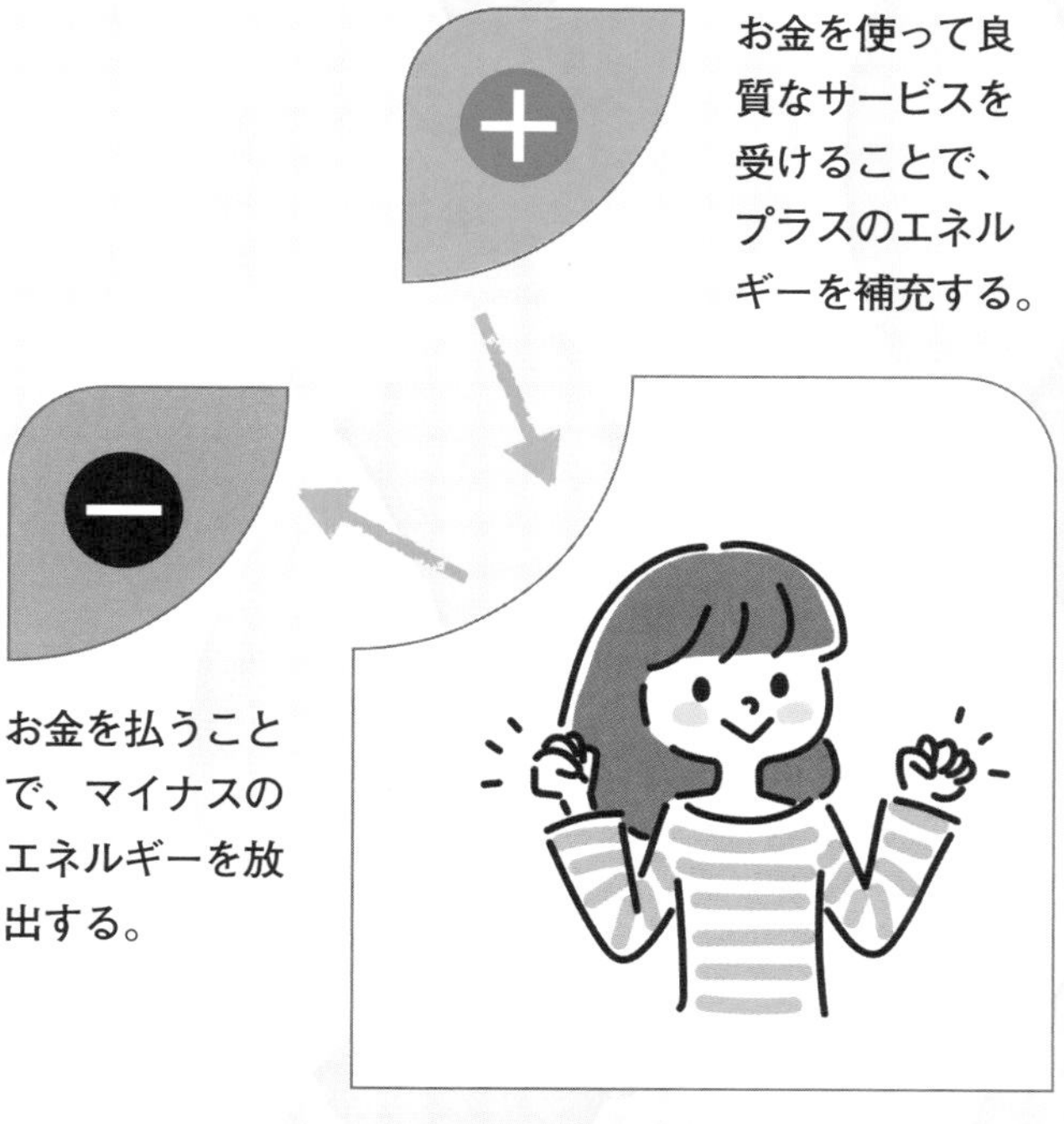

お金を使って良質なサービスを受けることで、プラスのエネルギーを補充する。

お金を払うことで、マイナスのエネルギーを放出する。

最高波動の人生を実現させよう

最後に、最高波動の人生を実現させるための5つのポイントをお伝えしたいと思います。現実はあなたの波動に共鳴することで展開していきます。願いを現実

化するためには、自分自身が願望実現波動になる必要があります。そのためには自分の可能性を狭めている「自己限定」による才能の封印を解きましょう。

1つ目は、「できること」ではなく「やりたいこと」をやってみる、です。ほとんどの人は、「今できること」ばかりで「やりたいこと」をしている人は多くありません。「できること」とはすでに身についている能力を使っているだけです。

ですから、まずは「やりたいこと」をやることで、自己限定を外しましょう。

「やりたいこと」がわからない人もいるでしょう。そのような場合は、「ほかの人からの頼まれごと」をやってみましょう。自分では気がついていない能力に他人が気がついていることがあります。「無理かも」と思っていても、相手が頼んできたことを信じて断らずにやってみることで、自分の中の新しい部分が開花することでしょう。これが2つ目です。

3つ目は、「褒められたこと」を素直に受け止める、です。他人のほうが自分よりも自分のことがわかっていることは多くあります。人から褒められたら、照れて「そんなことはないよ」といったりせずに「ありがとう」と素直に受け止めましょう。そして、褒められた自分ができることをイメージしてみるとさらに効果的です。

4つ目は、「やりたいこと」の最終形をやる、です。自分が叶えたい望みの中で、自分が今できることをやってみるということです。私は、本を出したいと思ったときに「出版予定記念講演会」をやってみたことがあります。このように自分の望みを現実化するためにできることをやってみましょう。

5つ目は、「ダメな自分」をゆるす、です。ダメなところばかり見つけようとする「自分への監視」をしている人は、緊張状態が続きます。高い波動になるのはリラックスしているときですので、自分への監視をやめて今の自分にくつろぐことが大切。自分のネガティブな部分をゆるし、受け容れるようにしましょう。

最高波動の人生実現の5つのポイント

- ☑「できること」ではなく「やりたいこと」をやる
- ☑「人から頼まれたこと」をやる
- ☑「褒められたこと」を素直に受け止める
- ☑「やりたいこと」の最終形をやる
- ☑「ダメな自分」をゆるす

内側に答えを求めればうまくいく

人生がうまくいく人とうまくいかない人の違い

スピリチュアルカウンセラーとして、数多くの人々の人生をリーディングしてきたみちよさん。人生がうまくいくためのポイントをお伝えします。

人生がうまくいく人が持つ3つの特徴

あなたの周りに、人生がうまくいっている人はいますか? 人生が充実して、生き生きとしている……このように人生がうまくいっている人には、3つの特徴があります。

1つ目は「つまずき方が違う」です。どんな人でも困難な状況は訪れます。しかし、人生がうまくいっている人は、このような困難を困難としてとらえずに、人生における気づきのワンシーンとしてとらえます。この困難をどうクリアして、人生にどのようなプラスにするのか、と考えるのです。一方で、人生がうまくいかない人は、外部のせいにして自分を被害者と思い込みます。

2つ目は「ビジョンを持っている」です。人生がうまくいっている人は、頭の中に常に「自分はこうしたい」「こういうことをしたい」というビジョンを持っています。やりたいことが明確にイメージできている状態です。うまくいかない人は、ビジョンを持たずに、「私はこんなことしかできない」「お金がないから何もできない」と今目の前にある現実を嘆いている状態です。

3つ目は、「1日1日を大切に生きている」です。人生がうまくいく人は、ビジョンに対して、1日1日を丁寧に生きています。1日の自分の時間を大切にしているのです。うまくいっていない人は、つまらない状況ばかり目にして、その状況から抜け出すためにはビッグイベントがないといけないと思っています。

これら3つの特徴を要約すると、人生がうまくいかない人は、外に原因を見つけて、「これがあればうまくいく」「これがないからうまくいかない」と考えます。内側から物事を見るようにすると気づきが増えてエネルギーが変わります。内側に答えを持つことで意識(エネルギー)が変わり、波動も変わります。波動が軽くなるのです。

波動が軽やかになることで何が起きても軽やかに対処できて人生もうまくいきます。そして、そのことが「人生がうま

みちよ
Michiyo

スピリチュアルカウンセラー。魂の領域とコンタクトする深いリーディングと、具体的なアドバイスが特徴。女性として、社会人としての自らの経験も活かしながら、個人セッション、セミナーなど数々の講座を全国で行っている。主な著書に『愛され女神に生まれ変わる方法』『引き寄せの法則 使いこなしブック ──あなたの願いを世界一早くかなえる』『マンガでわかる引き寄せの法則』(すべてSBクリエイティブ)などがある。最新刊は『自分を愛するブック』(ギャラクシーブックス)。YouTube「【スピリチュアルカウンセラーみちよ】シンクロニシティチャンネル」で動画配信中。

くいく人」への第一歩となるでしょう。

人生がうまくいく人になるための第一歩

人生がうまくいっている人はビジョンを持って、毎日を大切に生きています。

その理由のひとつが、やりたいことがあるからです。人生でやりたいことがわからないと苦しいですよね。なぜやりたいことが見つからないのでしょうか。

まず、思考過多で効率重視になっている場合があります。「これをやったらうまくいくのか」といったように結果や成果を求めてしまっています。また、感情を抑え込んでいても、やりたいことは見つかりません。「怒り」「憎しみ」「苦しみ」などのネガティブな感情を、悪いものと考えて押し込めてしまうとハートは停止してしまいます。ネガティブな感情を悪いこととして抑え込むと喜びなども感じなくなってしまいます。

できること、得意なことと「好き」を履き違えてしまっていることもあります。「他者が見て評価してくれるかな」ということを考えてしまい、そのことが好きかどうかわからない状態です。

やりたいことを見つけるためには、ハートを再起動する必要があります。そのためには、ネガティブな感情を含めて、まず自分の感情を素直に受け容れましょう。そして、五感をたくさん使うようにしてみてください。例えばカレーが好きならば、全国のカレーをお取り寄せしてみる、といった軽い動機でスタートしてもよいでしょう。すると、「今度は食べ歩きしてみようかな」「インドに行ってみようかな」「海外旅行のために英語を習おうかな」と次々と興味や楽しみが広がり、行動に移していくようになります。

人生がうまくいく人の3つの特徴

1 つまずきをネタにする

どんな人でも、長い人生の中で困難な状況に直面することがあります。しかし、人生がうまくいっている人は、このような困難に対して、「ではこのような困難をどうとらえて、前に進もうかな」と自分への気づきのきっかけとしてとらえています。ある意味、困難を人生における気づきのネタに変えているのです。

2 ビジョンを持っている

人生がうまくいっている人は、頭の中に常に「自分はこうありたい」「こういうことをしたい」というビジョンを持っています。うまくいかない人は、ビジョンを持たずに、今目の前にある現実を嘆いている状態です。「私はこんなことしかできない」「お金がないから何もできない」といったように、現実を嘆くことで終わってしまっています。

3 1日1日を大切に生きている

人生がうまくいく人は、「今ここ」＝一瞬一瞬をどうするか、ということを考えて、丁寧に生きています。１日の自分の時間を大切にしているのです。うまくいっていない人は、生きている時間を無駄に過ごしてしまっています。目の前にあることが楽しくない状態のため、つまらない状況から抜け出すにはビッグイベントがないといけないと思っています。人生がうまくいかない人は、大きなイベントがないとハートが動かなくなっています。

誰でも読めるセルフ手相術

人生の分岐点で見るべき手相のポイント

手は自分の気質・体質、運勢、歩んできた人生が刻まれる唯一の場所。実践を通して手相占い師として活躍する佐々木藍さんが誰でもできるセルフ手相術を紹介します。

佐々木 藍
Ai Sasaki

手相占い師。手相占い藍主宰。公立中学校の教員を経験後、地域貢献活動に精力的に取り組む。その最中に独学で手相を学び、2014年から占い師として活動。これまでに約8000人を鑑定。実践に基づいた手相解説をYouTube「手相占い藍のmagicalチャンネル」で配信している。2021年12月13日に『自分らしさを見つけるための手相の本』(風鯨社)が発売予定。

なぜ運命が手相に現れるのか

手相は、占いの中でも最もポピュラーなものです。でも人の人生が手に表れるのは不思議ですよね。私はインド占星術を学んでいるので、運命とは何度も繰り返された前世(過去)から引き継いだ宿題だと思っています。そして、この宿題に基づいて、その人の人生はプログラムされていると考えています。では運命を変えることはできないかというと、そうではありません。人間はほかの動物よりも強い意志を持っている動物です。

ほかの動物は過去からの宿題(カルマ)を消化する一生を送りますが、人間は自らの意志で変えることができます。逆に変えなければ、人間であっても過去の宿題の消化試合的な人生を送ってしまうわけです。

この人間の意志が最も表れるのが手です。細かな指の動きができ、掴んだり、書いたり、人間の体の中で手は最も意志を表す部分です。だからこそ、その人の意志が手には顕著に表れるのです。

もともと私は占い師として活動していたわけではなく、学校の教員をしたり、地域振興活動をしていました。そこで、私が作った商品が行列ができるほど売れるのを見たある人が、私に手相占い師になることをすすめてくれたのがきっかけです。そこから独学で手相を学び始め、実践を繰り返しました。そのため私の場合は、文字の知識が1割、実践9割で手相を学びました。

数多くの手相を鑑定してきましたが、印象に残っているのが元受刑者の方の手相です。その人は私のYouTubeチャンネルを見て、手相鑑定を依頼してきました。私は1時間のうち45分間、手相の鑑定結果について解説しましたが、反応が薄い。そこで何か聞きたいことがありますか、と尋ねると、自分が過去に犯した重大な罪について告白されたのです。そして、その罪について手相に出ているのか、聞いてきました。しかし、手相にはそのようなクリティカルなサインはまったく出ていませんでした。

この人は、刑務所で信頼できる刑務官に出会い、その人のためにも出所後に頑張ろうと考えていると語ってくれました。この人は過去を乗り越えたことが手相の変化として表れていたのです。

手相を積極的に変える人生を歩もう

手相には真実の情報が表れます。しかし、多くの人は後天的に身につけた能力や環境によって思考をします。そのため、自分の今現在の気質や体質を自覚している人はほとんどいません。自分の気質・体質と合った生き方をしていると、人生においてもプラスに働きます、反対に気質・体質に合っていない生き方をしていると、ある種の重たい空気をまとっていることが多いです。左手はその人の先天的なものを、右手は後天的なものを表すと私は考えていますが、この左右の手相が極端に異なる人は、生きづらさを抱えている人が多い傾向にあります。

では手相によってすべてが決定してしまうかというとそうではありません。意志と実践によって運命を変えられるように、手相も変わります。そして私は、手相はどんどん変えていったほうがよいと考えています。運命は過去からの宿題によってプログラムされています。だからといってその流れ通りに生きる必要はない。困難や不幸が待ち受けている運命の流れに乗る必要はなく、自らの意志で運勢を変え、手相を変えていけばよいのです。また幸福な人生を歩むようにプログラムされている人ならば、今度は周りの人々を幸せにするミッションがあります。

私に鑑定を依頼する人の中には、線を気にしすぎの人もいらっしゃいます。例えば、よく雑誌には幸福をもたらすラッキーサインが紹介されています。ラッキーサインは手に表れる特定の紋様ですが、この紋様は一時的なもので、いわば大木の葉っぱの部分です。それよりもあなた自身の根っこの部分である気質・体質を知ることのほうが重要です。

そして、手相によってその人の人生・運勢を探り知ったうえで、その手相から

自分でできる手相の見方

1 手の形を見る

手のひら（指以外の部分）が正方形か長方形か、指が長いか短いか、で４つに分けられます。

2 線の濃さを見る

ほかの人の手相との比較ではなく、主観的に濃いと感じればよい状況、薄いと感じれば今はまだ「待ち」の状況です。

手相を見るタイミング

手相は見る人の目も重要です。落ち込む出来事が起きたとき、人生における重大な決断をするときなど、メッセージを受け取りやすい時期に見るとよいでしょう。

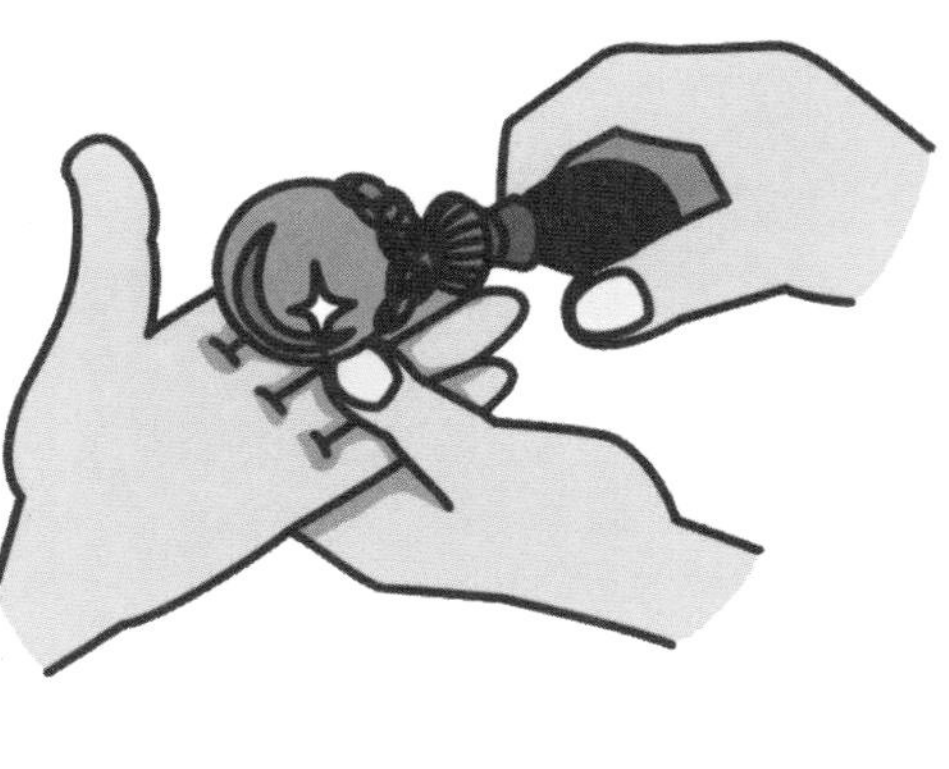

行動をすることのほうが大切です。なぜなら知識のみで幸せになった人はいないからです。今ある手相がどのような運勢なのかを必死に読み解くよりも、大切なことはその知識から行動に移すことなのです。手相をどのように人生に役立てればいいか。もちろん手相占い師に見てもらってもよいですが、自分で鑑定することも可能です。ただし、前述したように細かい鑑定はむしろマイナスになります。手相は多くの人の手を見ることでわかってくるものなので、自分の手のみで詳細な鑑定をすることは難しいものです。そして、その知識に囚われて行動を萎縮したり、限定的にしてしまう危険性もあります。ここでは、誰でもできる手相を見る方法を紹介しましょう。

手の形からわかる4つのタイプ

ひとつは、手の形による気質・体質の鑑定です。手のひらの形（指以外の部分）が正方形か長方形か、指が長いか短いかで、土、風、火、水の4元素のタイプに分類ができます。

まず手のひらが正方形で、指が際立って短い場合は「土の手」です。線の数は少なく、深く刻まれています。土の手のタイプは、穏やかで安定しており、現実的で実直な性格です。素朴で自然を愛する人です。土台を固めてどっしりと構え、目の前にあることに集中する力があります。

手のひらが正方形で、長くしなやかな指を持っている場合は、「風の手」です。線の数は多くも少なくもないですが、細い割にはっきりと刻まれています。また手のひらは引き締まって見えます。新しい風を吹かす新規開拓の人物で、スクラップ&ビルドの人生を歩みます。知的探究心が旺盛で思考が活発で行動的な性格です。次から次に探究するのが風の手です。

手のひらが長方形で指の長さが短い場合は「火の手」です。線はすっきりしています。火の手のタイプは、誠実で情熱的な人といわれます。夢中になったことに全力で取り組むことができる人物です。

手のひらが長方形で、指の長さが長い場合は「水の手」です。手には細かい線がたくさん刻まれています。水の手で、優しくてロマンティスト。繊細・ナイーブで、天性の優しさと創造性に恵まれています。

これらの手の形からあなたの属性がわかるはずです。実は手の形も変わります。水の手の人が火の手のような生き方を実践していくと、火の手の形になっていきます。逆に土の手の人が風の手のように振る舞っていると風の手になってきます。自分の手の形を見て、今の現状がどのような属性になっているのか、その属性が自分に合っているものか、ひとつの指標にするとよいでしょう。

手からのメッセージを受け取るタイミング

手の形でわかる4つの属性

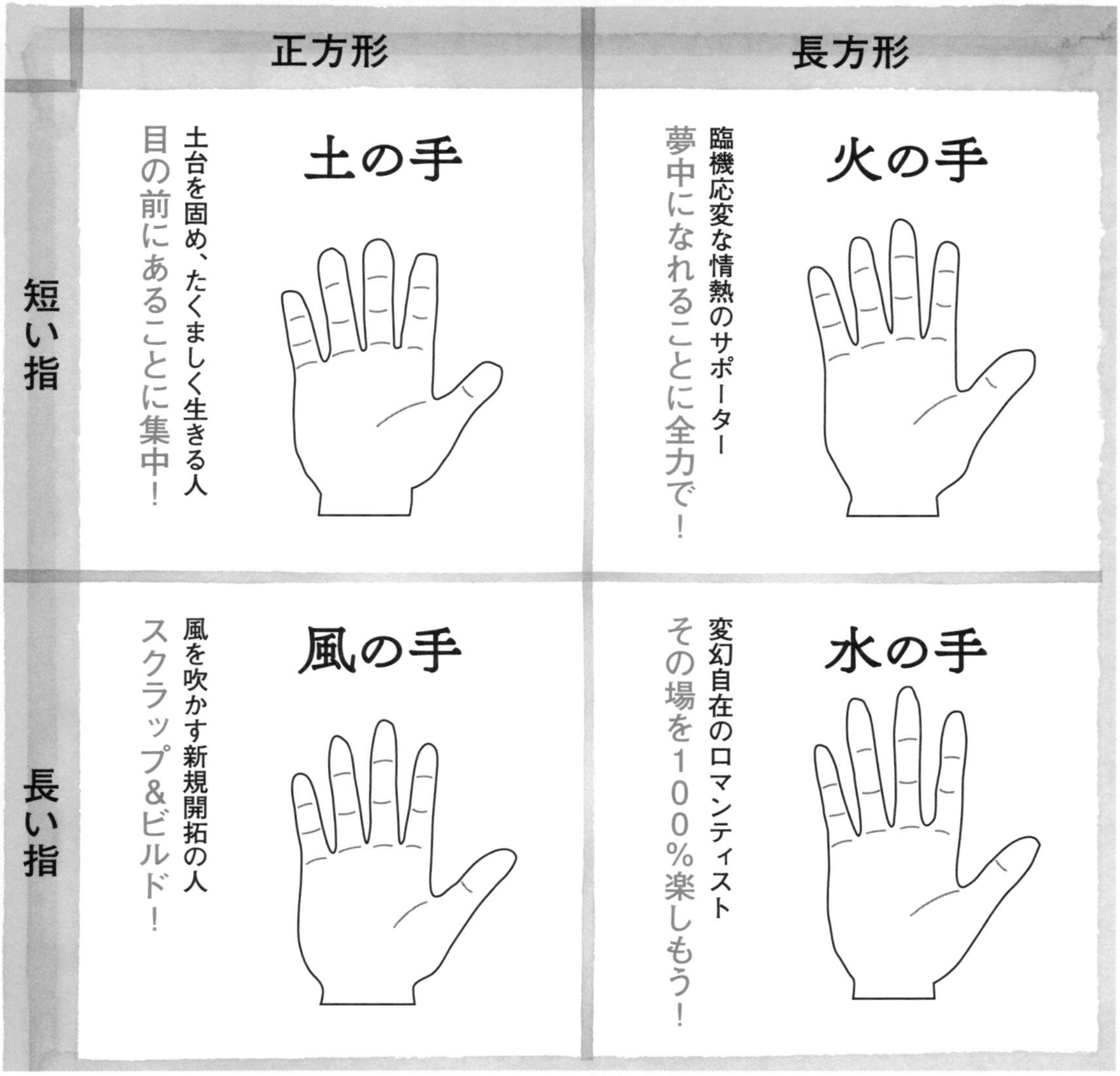

	正方形	長方形
短い指	**土の手** 土台を固め、たくましく生きる人 目の前にあることに集中！	**火の手** 臨機応変な情熱のサポーター 夢中になれることに全力で！
長い指	**風の手** 風を吹かす新規開拓の人 スクラップ&ビルド！	**水の手** 変幻自在のロマンティスト その場を100%楽しもう！

手の形は毎日見る必要はありません。手の変化には少なくとも2、3ヶ月かかります。そのため、節目のときに手を見るようにしましょう。すごく落ち込む出来事があったとき、決断を迷っているとき、分岐点に立っているときにぜひ手を見てほしいです。実は手相を見る際に、見る側の目も重要になってきます。手からのメッセージを真剣に受け止めようという意志が働いているときに、手相は大きな力を発揮します。

そのような節目のときに見るのが、前述の手の形に加えて手の線の濃さです。もし線が濃ければ、今自分が思うように行動してOKです。反対に線が薄かったら少し時間をおいたほうがよいでしょう。この線の濃い薄いは、本人の感じることが大切です。ほかの人と比べて、濃い薄いという客観的なデータではなく、本人がどのように手相からメッセージを受け取るのかということが大切なのです。

手にはあなたが気づいていないメッセージが刻まれています。ぜひあなたが人生で大切な決断をするときには手を見て、そのメッセージを受け取ってください。

氣質がわかれば「成幸」する
陰陽道が導く人生の解決法

中世から受け継がれてきた陰陽道。陰陽師の末裔として5万人以上を鑑定してきた占導師・幸輝さんが、現代にも通じる陰陽道の智恵を紹介します。

幸輝
Kouki

占導師、一般社団法人日本占導師協会代表理事。四国霊場の陰陽師の末裔として生まれ、祈禱師である祖母から幼年より精神世界について学び、この道を30年前より歩み始める。祖母の教えであった両手の相を見て当てる手相鑑定のほか、1200年前から伝わる陰陽師由来の「四維八干」という命術と、独自に編み出した「御縁鑑定」によって、セミナー受講を合わせ、5万人超の人生を導いてきた。著書に『悪運をはねのけ強運を引き寄せる陰陽師の教え』（サンマーク出版）、『運を創る。恋愛・人間関係・健康・お金……日本古来より伝わる人生の解決法ー陰陽師入門ー』（ホビージャパン）がある。

陰陽師の末裔として生まれる

陰陽道というと、小説や映画などに描かれる平安時代の安倍晴明などを思い浮かべる人も多いでしょう。いわば日本版の魔法使いといったイメージです。もちろん私も霊的な問題などに対して、結界を張ったりすることもありますが、これは陰陽道の一部分でしかありません。陰陽道は世界のさまざまな事象、人生における出来事に対して、先人たちが積み上げてきた智恵から最適な選択を導くものです。

陰陽道はもともと国家が管理しており、陰陽師は国家や貴族に政策や行動の指針を示す官僚でした。そのため、陰陽道は血筋が重んじられました。しかし、そもそも陰陽道の智恵は統計学に基づいたものですので、誰でも学ぶことができるものです。そのため私は陰陽道ではなく、陰陽学と呼んでいます。

私は四国の四万十川の流域にある小さな村の出身です。私は陰陽学を師匠である祖母から学びました。

故郷に残る陰陽師の足跡

私の一族は、15世紀の応仁の乱の際に土佐国（高知県）に下向した一条公とともに移り住んだ陰陽師の末裔とされます。

私の出身地の村里は、集落が上下に分かれているのですが、私の一族は上の里におり、「水なりの上様」と呼ばれていました。下の里には安倍家の一族が住んでいました。そして、私の家は小京都中村の裏鬼門（南西）に位置していました。陰陽学では、世界の組成は木火土金水の五行で成り立つと考えられています。私の一族が水一族、安倍家の直系が土一族の土御門家、また火一族は播磨（兵庫県）にいます。

一条家は朝廷の中枢を担った五摂家の1つであるために、その側近も中途半端な人は置かないはずです。各地に木火土金水の一族がいることから考えても、私の一族はおそらく陰陽道宗家の安倍家の

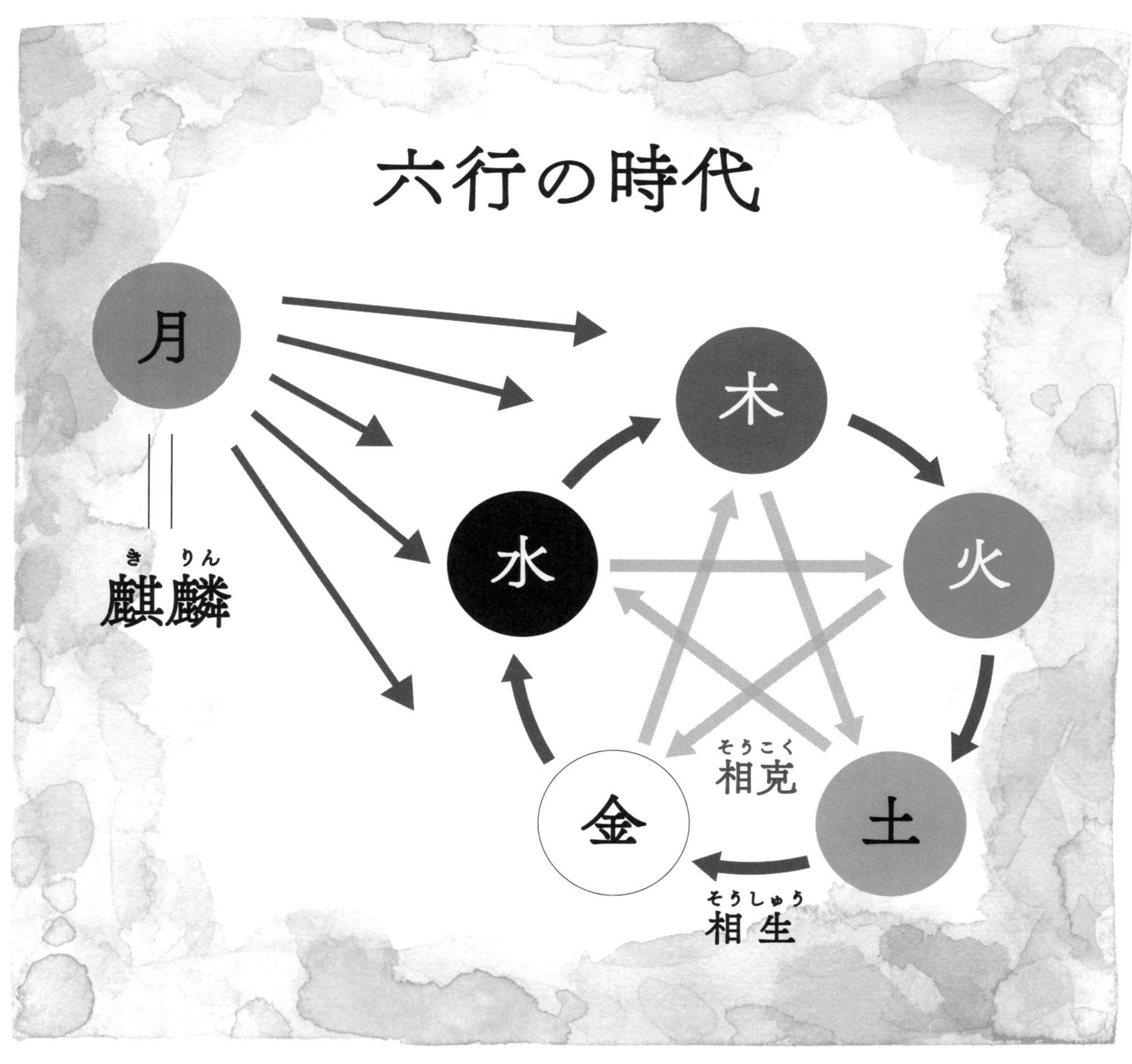

傍系の子孫だと思われます。

このようなある意味、特殊な家に生まれたわけですが、祖母は陰陽師ではなく祈禱師と名乗っていました。江戸時代までは神と仏は同一と考えられていましたが、明治時代になると、神仏は別のものとして分離され、陰陽道も廃止されました。おそらく私の一族も明治時代に陰陽師を名乗ることをやめたと考えられます。

私は現在、「占導師」と名乗っています。私の村里は四万十川の流域にあるため、小舟で向こう岸まで渡るお手伝いをする船頭さんがいました。私の仕事も「幸せになりたい」「結婚したい」といった願いをお手伝いすることです。郷土を忘れない気持ちとともに「占導師」という名称を使っています。

864通りの成功法則がある

陰陽学の智恵は多岐にわたりますが、「陰陽五行説」というのを聞いたことがあるでしょう。世界は、陰と陽という二面性を持ち、さらに木火土金水の5つの要素でできているという考えです。これ

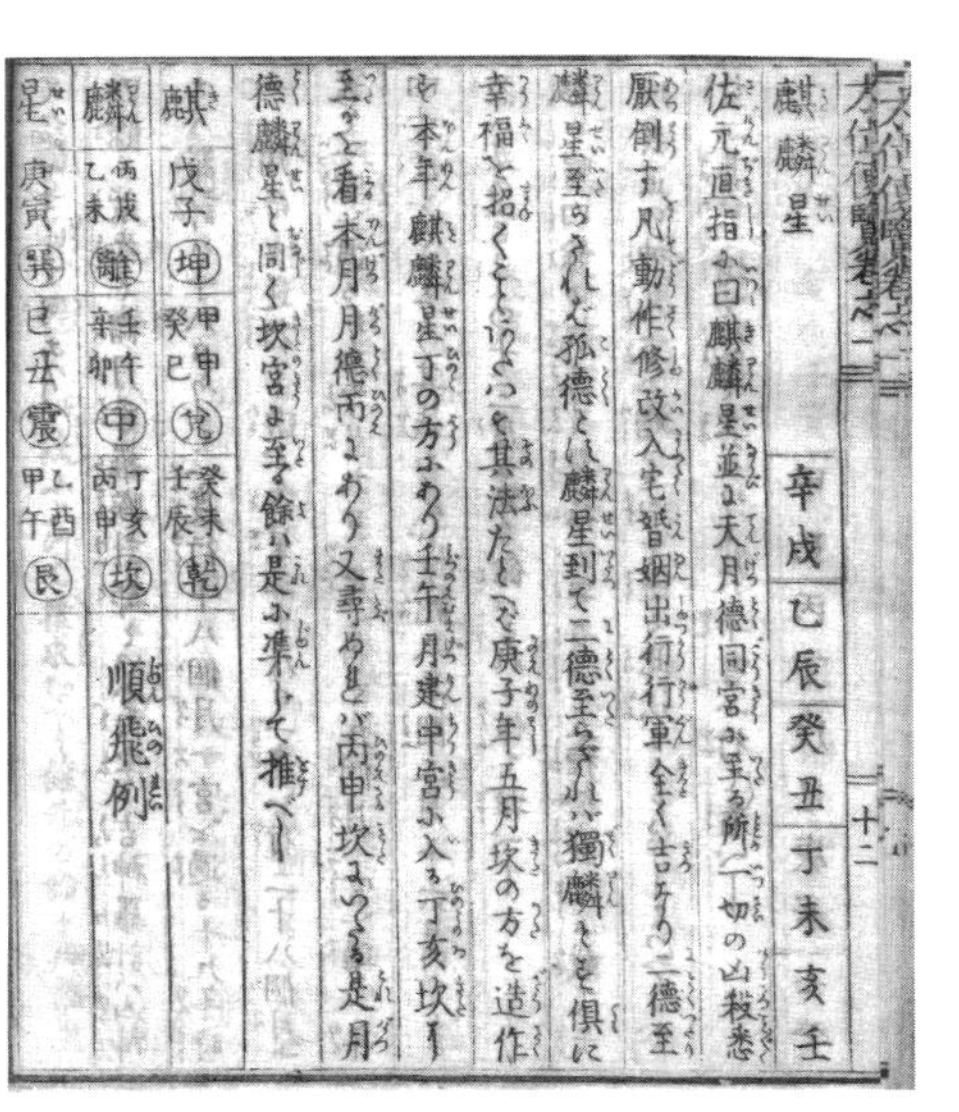

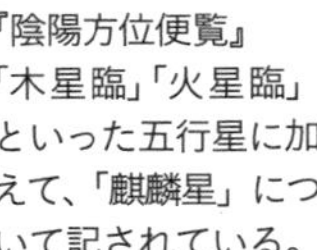

『陰陽方位便覧』
「木星臨」「火星臨」といった五行星に加えて、「麒麟星」について記されている。

『易学啓蒙』
元禄年間に記された古典で、六神に対して五行が当てられており、土のみ二神が属している。

は人間や人生にも当てはまります。

私自身は水の人で、人間は木火土金水のいずれかに属しています。この属性からあなたの性格のより深くにある氣質を知ることができます。五行には、それぞれお互いに活かし合う「相生（そうしょう）」とお互いに打ち消し合う「相克（そうこく）」があります。

水は木を育てるために相生の関係、また水は火を消すために相克の関係にあります。日本占導師協会の公式サイトでは、登録なしで氣質の簡易無料鑑定ができますので、ぜひお試しください。

氣質はさらにここから枝分かれしていき、全部で864通りがあります。この864通りの氣質を鑑定し、その人に合った生き方や選択をアドバイスするのが占導師の役割です。書店には多くの成功法則の書籍が並んでいます。しかし、これはあくまでその人の成功法則に過ぎません。例えばその本が火の人が書いた成功法則だったとしたら、水の人が実践してもなかなかうまくいきません。そのため、まず自分の氣質を知ることが大切です。

占導師は864通りの氣質に応じたふさわしい成功法則で導きます。占いというと、マイナス部分を治療するカウンセラーの役割をイメージするかもしれませんが、占導師は人生をよりプラスに導くものであり、努力をしている人のプラス1の力をプラス5、プラス10にするお手伝いをするイメージです。いわば人生のコンサルタントといえるでしょう。

師匠である祖母は、これを「幸せを成就させる」＝「成幸する」といっていました。水の人は水のやり方で成幸する、木の人は木のやり方で成幸することが大切なのです。

五行から六行へ 目指すべき月のステージ

これまで五行の話をしてきました。一般的な陰陽道では「陰陽五行」といいますが、実は五行ではなく六行であることをご存じでしょうか。多くの人は、木火土金水の五行に当てはまりますが、この五行に属さない人がいます。祖母はそのような人を「五行以外」と呼んでいました。五行の人は、それぞれ自分を幸せにする＝「成幸（せいこう）する」修行を人生においてしているわけですが、これに対して「五

行以外」の人は、自分はボロボロの服を着て粗末な食べ物を食べながらも人を幸せにする人生を歩んでいます。ボランティア精神が溢れる人、博愛主義者が「五行以外」の人といえるでしょう。

このことは350年前の古典にも記されており、このような変わり者のことを「麒麟（きりん）」と表現しています。例えば『陰陽方位便覧（びらん）』には、「木星臨」「火星臨」といった五行星に加えて、「麒麟星」とあります。ここには五行の人が一徳であるのに対して、麒麟星の人は二徳を得られると書かれています。これは麒麟星の人が自分以外の他人を助けるため、二徳を得るとされるのです。

また元禄年間に書かれた『易学啓蒙』には、六神属五行とあります。6神を五行に当てはめているわけですが、土にそれぞれ騰蛇（とうだ）と勾陳（こうちん）という2神をそれぞれ当てはめています。土だけが2つあるわけです。また算命学の立体五行では、五行の上にもうひとつある。だから占いをしている人ならば、5つの要素ではなく6つの要素があることを知っているわけです。しかし、木火土金水に対して、「麒麟」だと違和感がありますしイメージしづらいですよね。そのため私は麒麟を「月」と呼んでいます。月とは、夜道を照らす役目であり、自分ではなく他人を主役にして人生を歩める人のことです。

人間にはこれら六行の氣質がありますが、この六行は人生においても当てはまります。祖母は、人生とは木火土金水の時間を繰り返しながら螺旋階段を昇っていくイメージだと教えてくれました。そして、この螺旋階段を上に昇ると月の修行に入るといいます。自らを「成幸」することができた人はやがて、月のステージに上がるのです。

陰陽学の智恵が人生を好転させる

では月のステージに上がるためには、何をしなくてはいけないのか。それは陰陽学、つまり自分と相手を知ることが大切です。この世の中はすべて陰と陽の二面性がありますが、実はここにもうひとつ陰と陽の中間に「中庸」という空間があります。中庸は「間」ともいいます。自分という人がいて、相手という人がいて、その両者の中間に「間」がある。だから私たちは「人間」というのです。

この「中庸（間）」の相性がよい同士は「仲（中）よし」で、逆に「間」をうまく使えない人を「間抜け」といいます。人生がうまくいかない人は、この「間」の使い方に問題があることが多いのです。

例えば、「なんでわかってくれないんだ」と悲しんだりする。これは相手が自分の言葉をわかってくれない、と相手のせいにしている状態です。「間」のイメージがないため、伝えたい気持ちが直接相手に伝わると考えてしまうのです。しかし、実際には言葉は直接ではなく「間」に存在するわけです。その「間」から相手は意味を解釈する。だからこそ、相手がこちらの気持ちを解釈できるように言葉を「間」において伝える必要があるわけです。

この「中庸（間）」という智恵を身につけると人間関係におけるストレスは大きく軽減され、良好な関係を築けるようになります。

陰中の陽と陽中の陰を知る

もうひとつ大切なことは、陰と陽ははっきりと分かれるものではないということです。陰100%、陽100%というのはありえないわけです。よく自己啓発の本には、ネガティブな出来事をすべてポジティブに変える「陽転思考」について書かれています。しかし、陰陽学から見るとこの陽転思考はとても危険なものだと思います。なぜならばこの世界は陰と陽の2つの側面があり、片方を完全になくすことはできないからです。

例えば、仕事で失敗して上司に怒られたとします。これは陰の出来事ですが、「上司が私に期待しているからこそ怒られたんだ」「怒られたことは私の人生にとってよい出来事だ」と陽転したら、仕事を失敗した陰の部分まで消えてしまいます。確かに、期待していない相手に怒ったりはしません。しかし、「期待しているから怒る」というのは、全体の出来事の中の小さな陽の部分でしかありません。

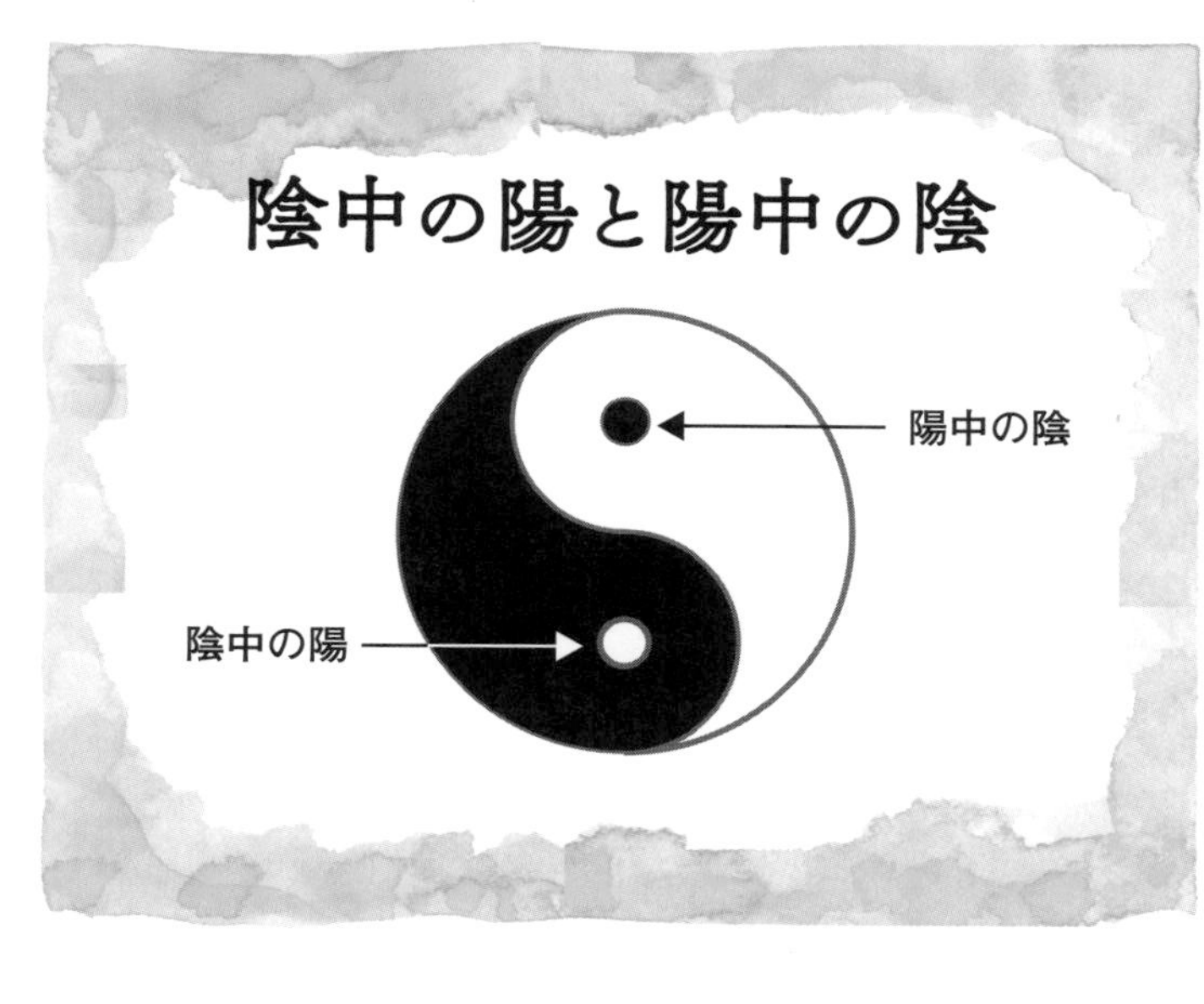

陰陽を表した太極図（陰陽魚）を見てみると、陰の中に陽の点が、陽の中に陰の点があります。陰陽魚の目に当たる部分で、それぞれ陰中の陽、陽中の陰といいます。陰と陽の中にも必ず1点だけ反対の要素があるのです。

先ほどの上司から怒られたケースを見てみると、ミスをした自分がいる、上司の期待を裏切った自分がいる、この陰の中の1点の陽「上司から期待されている」でなくてはいけない。この陰中の陽の状態は、春夏秋冬でいうと春のエネルギーに当たります。寒い状態から芽吹きの小さな陽がある状態です。この状態を陽転思考で無理やり夏に変えては、人生における大きな流れ、バイオリズムを崩してしまうことになります。陰だけを見つめていても、ネガティブな思考に囚われ、精神的に参ってしまいます。陰中の陽という視点を持ち、陰を受け止め、1点の陽があることを知ることが大切なのです。

専門用語で、「一陰始生意（いちいんしせいい）」という言葉があります。「1つの嫌なことから新たなことが始まる」という意味です。1つの嫌なこと＝隠の出来事から、その人の成長、進化が始まることです。陰がないと状況がよくなることはなく、成長もしない。では、陰を避けて逃げるとどうなるのか。陰から抜け出すことができず、次の陰の出来事が起こります。陰中の陽を見出すことで、陰を抜け出し、さらなる成長に繋がるのです。

陰中の陽に対して、陽中の陰は秋の季節になります。大きな成果を上げる実りの季節です。しかし、ここには慢心や奢り、自らの成功体験への固執など、大きな失敗の種が潜んでいます。これが陽中の陰です。実る稲穂が深く頭（こうべ）を垂れるように、成功したときにこそ謙虚さや内省が必要となります。

過去のことが「明るみに出る」といいますよね。過去は明るいもの＝わかっているものです。反対に未来は暗闇です。では未来は予測不可能かといったらそうではありません。陰陽学は半歩先の学問といわれます。人生の主役はあなた自身です。人生の一歩を踏み出すために足を上げるのはあなた自身です。その一歩を大きく踏み出すか、あるいは目の前の困難を避けるように向きを変えるか、という選択は可能です。自らの氣質を理解して、陰陽の理（ことわり）から「成幸」の道を歩んでいただき、やがて人を助ける月の人になることを目指してくださることを願っています。

スピリチュアル研究会

**スピリチュアルや開運方法について研鑽を積み、
日々、運気の向上に勤しむ会です。**

STAFF

構成＆文　青木 康（杜出版）／P22-37、52-64、78-91、96-111
野中真規子／P４-18、38-51、66-77、92-95
カバーデザイン　Afterglow
本文デザイン　中山詳子
イラスト　小松崎友美／P28、30-31、50-51、66-70
サキザキナリ／P12、20-21、72-73、76-77、93-95
森 千章／カバーイラスト、特典タロットカード
編集　小野瑛里子

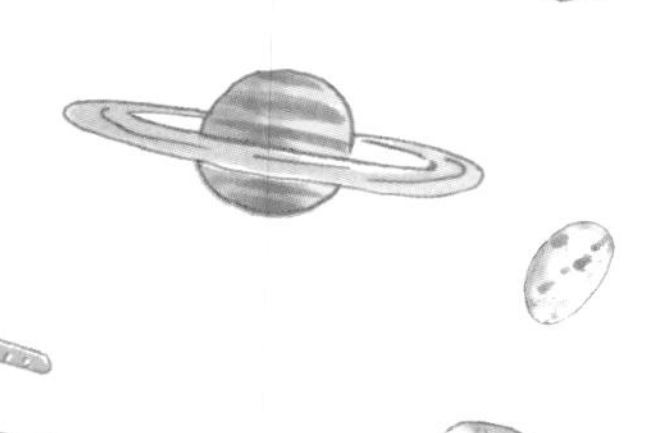

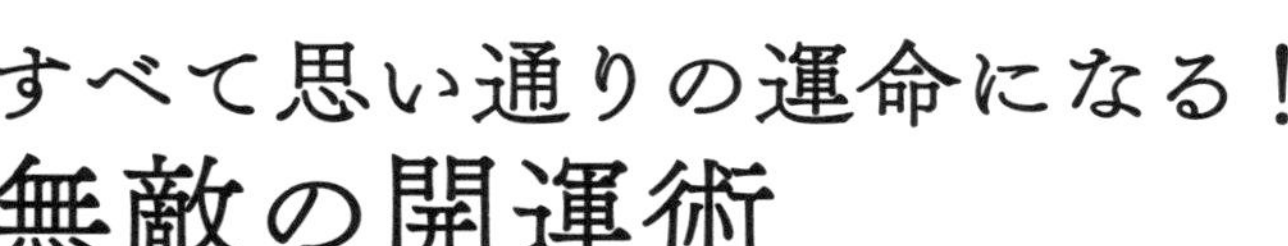

すべて思い通りの運命になる！
無敵の開運術

2021年10月９日　第１刷発行

著者　スピリチュアル研究会
発行人　蓮見清一
発行所　株式会社宝島社
〒102-8388 東京都千代田区一番町25番地
営業　☎ 03-3234-4621
編集　☎ 03-3239-0928
https://tkj.jp
印刷・製本　日経印刷株式会社

本書掲載の情報は、2021年８月現在の編集部調べによるものです。
一部のイラストは イラストAC のライセンスに基づいて使用しています。

ISBN978-4-299-02142-7